公共图书馆服务与创新管理

王海河　著

吉林摄影出版社
·长春·

图书在版编目（CIP）数据

公共图书馆服务与创新管理 / 王海河著. -- 长春 ：
吉林摄影出版社，2021.12

ISBN 978-7-5498-5310-6

Ⅰ. ①公… Ⅱ. ①王… Ⅲ. ①公共图书馆－图书馆服务－研究②公共图书馆－图书馆管理－研究 Ⅳ. ①G258.2

中国版本图书馆CIP数据核字(2022)第003642号

公共图书馆服务与创新管理
GONGGONG TUSHUGUAN FUWU YU CHUANGXIN GUANLI

著　　者　王海河
责任编辑　李　冰
封面设计　晟　熙
开　　本　787 毫米 ×1092 毫米　1/16
字　　数　210 千字
印　　张　9.75
版　　次　2022 年 1 月第 1 版
印　　次　2022 年 1 月第 1 次印刷

出　　版　吉林摄影出版社
发　　行　吉林摄影出版社
地　　址　长春市净月高新技术开发区福祉大路5788号
　　　　　邮编：130118
网　　址　www.jlsycbs.net
电　　话　总编办：0431-81629821
　　　　　发行科：0431-81629829
印　　刷　北京宝莲鸿图科技有限公司

书　　号　ISBN 978-7-5498-5310-6　　　定　　价：54.00 元

前　言

在社会主义文化大发展大繁荣的背景下，全国各地公共图书馆新馆纷纷建立，图书馆的办馆条件大大改善。各地图书馆都开始意识到提升图书馆的管理能力，增强文化服务的效能，是保持公共图书馆全面、可持续化的发展前提，也是公共图书馆生存和发展的必要条件。在构建现代公共文化服务体系中，公共图书馆通过各类馆藏资源和馆员的自身专业能力来满足公众日益增长的对知识、信息及相关文化活动的需求，公共图书馆投入的各项资源要在满足读者和用户需求中体现出能力和效率。服务是一种实践性的活动，在人们走进图书馆后，如何为其提供服务，如何提升服务效能，这是图书馆员需要具备的专业素养。服务的过程需要理念的指引，需要理论指导实践。服务的实践也需要遵循规律，需要借助技巧。管理是理论和实践的结合，管理的过程主要也是实践。

公共图书馆应利用自己的优势和特殊地位参与信息时空的信息过滤、重组、优化、增值等工作。一所图书馆面对浩瀚的信息时空可能无能为力，但整个图书馆界拥有强大的力量。当然这就要求图书馆首先要有序化，按照一定的目标和功能设计进行分工合作。在这个基础上，图书馆通过对信息的整理和加工，建立起高效能的与信息时空同步的知识时空，并站在崭新的高度构造人类知识的全息图景，使得人们能够从宏观上把握复杂的知识板块、知识经纬和知识的新陈代谢。

基于此，本书就公共图书馆服务与创新管理展开了全面论述。从公共图书馆的基本知识入手，对公共图书馆服务体系，公共图书馆读者服务，以及新形势下图书馆服务创新等方面展开详细的叙述，重视公共图书馆服务与创新，在编写上突出以下特点：第一，内容丰富、详尽，时代性强。不仅涵盖公共图书馆基础知识，而且对公共图书馆的阅读推广与宣传也有分析。第二，理论与实践结合紧密，结构严谨，条理清晰，重点突出，具有较强的科学性、系统性和指导性。第三，结构编排新颖，表现形式多样，生动形象，便于读者理解掌握。是一本为图书学习者、公共图书馆服务工作者以及图书馆创新管理爱好者量身定做的参考用书。

在本书的编写过程中，参阅、借鉴和引用了国内外许多同行的观点和成果。各位同人的研究奠定了本书的学术基础，对公共图书馆服务与创新管理的展开提供了理论基础，在此一并感谢。另外，受水平和时间所限，书中难免有疏漏和不当之处，敬请读者批评指正。

前言

目　录

第一章　公共图书馆概述

第一节　公共图书馆的特征

公共图书馆是一种与人民大众关系最为密切的图书馆类型。公共图书馆是一种由政府投资兴办或由社会力量支持兴办的、向社会公众开放的图书馆类型，是知识资源收集、存储、加工、研究、传播和服务的公共文化空间和社会教育设施。具有公益性、均等性和普惠性特点。公共图书馆又被称为知识的宝库、公共文化空间、第三空间、第二起居室、没有围墙的学校、文化信息的中心等等。

一、公共图书馆具有三个明显特征

（一）公共、公益

公共图书馆是一种社会制度的安排，这一制度规定由政府从公共税收中支付经费，图书馆则免费为当地居民服务。每个人都具有平等获取人类知识和信息的权利，而维护公共图书馆的公共供给是保障人人平等获取知识和信息的重要途径。从理论上说，公共图书馆的公共、公益性决定了它应该向社会成员免费开放和提供服务。目前，世界各国的公共图书馆几乎都同时提供免费服务和收费服务。免费服务即基本服务或核心服务，收费服务即非基本服务或增值服务。

（二）平等包容

平等包容的公共图书馆服务包括两方面的含义：一方面，每个图书馆向其用户提供平等包容、无差别的服务；另一方面，整个公共图书馆服务体系向全体社会成员提供普遍均等的图书馆服务。

公共图书馆向全体社会成员开放，要求公共图书馆普通公共服务空间（需要特殊保护的除外）要在承诺的开放时间向一切个人开放，不设任何限制，也不管个人的阶层、种族、宗教信仰、经济能力、性别、年龄等。

（三）专业化

公共图书馆的专业化的四个表现：

第一，运用图书馆学的理论、技术和方法，保障读者对所需知识和信息进行有效查询和获取；第二，聘用专业馆员开展智力型业务；第三，用专业知识支撑公共图书馆智力型业务工作；第四，依托整个图书馆职业和行业组织的支持，维持并不断提高自身的业务水平。这要求加强与其他图书馆的联系，并与行业组织建立联系。其中与行业组织的联系尤其重要，行业组织可以将不同类型的图书馆凝聚为一个整体，同时可以在提供交流平台、制定行业标准、支持人员培训、监督评估服务质量、制定和执行职业道德规范方面获得支持。

员工需要遵循职业道德规范。职业道德规范是用来规范从业人员行为、维护职业声望的重要手段。各国图书馆协会制定的职业道德规范大致包括以下内容：图书馆专业人员对知识、信息、文献的行为规范，如尊重知识产权等；对用户的行为规范，如尊重用户的隐私权；对职业整体的行为规范，如维护职业声誉；对所在图书馆及母体机构的行为规范，如履行与单位签订的合同。

公共图书馆服务对象的多样性导致其比其他任何类型的图书馆都更经常遭遇争议问题，因而比其他类型图书馆都更需要职业道德规范的引领。

二、作为公共事业的公共图书馆

（一）公共事业管理视野下的公共图书馆

这是一个不以营利为目的，以文献信息服务为手段，为社会公众提供精神文化产品，提高全社会科学文化水平，改善社会公众生活质量为目的的非营利机构。由于其经费主要由国家财政拨给，使用的是国家转移支付的税收资金，承担的是公共部门委托的、为社会公众服务的责任，因此，公共图书馆就自然具有了“公共服务”组织的基本特征。

（二）公共图书馆“公共”性的表现

第一，公共图书馆的拥有主体是公共部门而不是私人机构；第二，公共图书馆一切活动是为了满足社会的共同需要；第三，衡量公共图书馆绩效的指标不是简单的利润或效率标准，而是服务的质量、数量、满足社会需要的程度等多种标准；第四，公共图书馆事业是一项公众广泛参与建设的事业，这种参与既包括物质和精神的支持，也包括对事业活动的约束和监督。

（三）公共图书馆的公共事业特性

1. 公共图书馆是社会价值“公众性”“公用性”“公益性”的融合

公共图书馆的服务对象是全体社会成员，与全体社会成员的利益都有直接或间接的关系，所以具有公众性；同时公共图书馆的服务内容是全体社会成员共同需要的，公共图书馆作为社会文化基础设施归全体社会成员共同使用，全体社会成员都是公共图书馆的读者，都可以使用公共图书馆，可以无一例外地使用和享受公共图书馆的服务，所以带有公用性；

另外公共图书馆所提供的服务是整个社会的经济社会发展，特别是精神文化发展所必不可少的条件，公共图书馆建设和服务的目的是实现公众的共同利益，全体社会成员都可以享受这种利益，因而带有公益性。

公共图书馆的这一特点决定了其需要公共部门投入大量经费和直接参与，进行统筹规划和科学管理。

2. 公共图书馆作为“纯公共物品”的基本特点

第一，图书馆的服务具有不可分割性，图书馆要么向所有人提供服务，要么不向任何人提供，在理论和实践中不能够和不可以对服务对象进行选择。第二，由于政府对公共图书馆的直接投资较大，可持续的发展需要长期维持较高的投入水平，因此在同一个行政区域内具有自然唯一性(或自然垄断性)。第三，对读者而言，公共图书馆的消费不具有排他性，即排除任何读者对公共图书馆服务的分享都要花费巨大的成本。第四，公共图书馆的服务是非竞争的，当公共图书馆服务开展以后，增加任何一个读者对图书馆的使用或享用时，并不导致服务成本的增长。第五，作为一个单纯的投入—产出链，公共图书馆对读者服务的价值，是通过潜移默化的阅读及其相关活动体现出来的，因此衡量公共图书馆服务效果十分困难，导致图书馆无法根据服务的效果获得收益。第六，公共图书馆的服务和读者的消费具有精神文化价值，涉及公共文化权利，必须给予普遍保障。

3. 对公平价值的追求高于对效率的追求

公共图书馆存在的主要理由和基本目标是满足社会成员的普遍文献需要，当服务中出现公平和效率发生矛盾，难以两全的情况时，公共图书馆必须首先表现出对公平价值的追求。

服务的普遍性只有在拥有一定规模后才能够体现出来，在具有一定规模之后必须首先将普遍服务和公平价值放在基础地位。公共图书馆的规模性包含两层含义：其一，公共图书馆对于社会整体发展特别是人的全面发展而言，是不可分割的社会组成部分；其二，公共图书馆事业是一个完整的体系，建立这样一个公共服务体系需要大量的支出，而且大部分属于经常性支出，所以要使公共图书馆的服务体现出普遍性、公共性、全民性的特点，实现“全民终身教育”和“学习型社会”的目标，必须达到一定规模，使全民普遍受益以后，才能够体现出公平价值追求的意义。

4. 公共图书馆建设的超前性

由于公共图书馆事业是社会精神生产和文化生活中重要的基本条件和基础设施，发挥的作用具有一定的基础性、支撑性、间接性和滞后性，各种积极效果不能立竿见影，需要预先发展，为社会经济发展留出“提前量”。另外，社会对公共图书馆的需要是逐渐增长的，如果公共图书馆事业的发展不能适度超前，社会公众的公共图书馆需要，将始终处于长期得不到满足的状态，成为阻碍社会文化发展的问题。

第二节　公共图书馆的职能和种类

一、公共图书馆的职能

（一）文献信息保存及传承职能

文献信息保存及传承人类文化遗产是公共图书馆最传统的职能，是图书馆产生之初就具备的功能。

（二）社会教育职能

社会教育职能对公共图书馆来说，显得尤为重要。图书馆是没有围墙的社会大学、公共图书馆是人们的终身学校，都充分体现了教育职能。

（三）文献信息传递职能

图书馆具有中介性，这个性质决定了传递文献信息是公共图书馆的一个重要职能。这一职能一般通过流通、阅览和参考咨询等服务部门来实现。

（四）促进阅读职能

保障民众的阅读权利，促进阅读兴趣的培养和提高，是现代图书馆不可推卸的责任之一。各级公共图书馆通过形式各异的阅读推广活动来实现促进阅读的目标。

（五）休闲娱乐职能

随着现代图书馆职责的扩大，为大众休闲娱乐提供便利也成为公共图书馆的职责。联合国教科文组织发布的《公共图书馆宣言》对公共图书馆的使命做了 12 个方面的陈述，使公共图书馆的职能更加具体化。这 12 个方面具体如下：使儿童从小养成和增强阅读习惯；向各层次的个人教育、自学教育及正规教育提供帮助；为个人创造力的发展提供机会；激发儿童和青年人的想象力和创造力；促进对文化传统的了解，提高对艺术、科学成就与发明的了解水平；提供接近所有表演艺术的文化表达方式的机会；鼓励不同文化背景人们之间的对话并支持文化的多元化；支持口述传统文化的保存和传播；确保公民获取各种社区信息；为地方企业、社团和事业团体提供足够的信息；促进信息和计算机扫盲技术的发展；支持并参加为各种年龄的人群所开展的扫盲活动和计划，并且如果需要，发起这样的活动。

二、我国公共图书馆的种类

在我国，公共图书馆基本是按行政区域建立起来的，由当地政府各级文化部门领导，均建在各级政府所在地。

我国的公共图书馆包含以下几个层次种类：国家图书馆、省（直辖市、自治区）图书馆、县（县级市、市辖区）图书馆、乡镇（街道）图书馆、社区（村）图书馆及各级少年儿童图书馆。

三、公共图书馆用户（读者）

（一）定义

凡是利用了公共图书馆所提供的资源、环境以及服务的个人或团体，都可以称为公共图书馆用户（读者）。

（二）用户权利、权利保障及培训

1. 用户权利

一般地说，公共图书馆用户权利包括以下几方面：

（1）文化权利

文化权利是公民的基本权利之一，是指公民在社会文化生活中应当享有的不容侵犯的自由和利益。公共图书馆是公共文化设施，因此文化权利是公共图书馆用户应当享有的最基本的权利。包括：参与文化生活的权利、分享文化成果的权利、参与文化活动及文化事务管理的权利、文化创造自由权和文化成果得到保障的权利。

（2）平等地享受公共图书馆服务的权利

《公共图书馆宣言》中明确规定，每一个人都有平等享受公共图书馆服务的权利，而不受年龄、种族、性别、宗教、国籍、语言或社会地位的限制。确保公共图书馆用户能够平等地享有图书馆服务，是公共图书馆开展用户服务过程中必须遵循的原则。

（3）自由获取信息的权利

公共图书馆在开展服务的过程中应充分尊重用户自由获取信息的权利，应当向用户公开各类文献信息资源收藏情况和布局、服务种类、服务时间，以及与服务相关的各类规章制度等信息，有义务解答用户询问，辅助用户更好地利用图书馆资源和服务。

（4）用户隐私得到保护的权利

公共图书馆在开展服务的过程中，会收集和掌握用户的部分私人信息，如用户的姓名、地址、单位、身份号码、联系方式、阅读习惯等，图书馆有义务对这些信息尊重和保密，确保用户个人信息不泄露，也不利用这些信息侵扰用户的生活。

2. 用户权利保障

公共图书馆保障用户权利有五个方面的措施：

（1）法律保障

要保障用户的权利，公共图书馆开展各项工作，首先要遵循《中华人民共和国公共图书馆法》，还要遵循其他相关法律，如涉及馆藏建设的呈缴本方面的制度、涉及数字资源建设的著作权方面的法律法规，涉及网络传播方面的法律法规等等。这些法律法规是公共图书馆开展各项工作必须遵守的基本原则，也是对用户享有图书馆各项服务的根本保障。

（2）服务理念

要保障用户的权利，公共图书馆开展各项服务工作必须要有先进的服务理念做支撑和导向。

（3）行业规范

俗话说行有行规。公共图书馆也有行业规范和业务工作准则，并以此作为筹划资源建设、规范用户服务、提升管理科学性、提高服务质量的制度化措施，来规范公共图书馆的行为，保障用户权利。例如，国家质量监督检验总局、国家标准化管理委员会发布《公共图书馆服务规范》，对公共图书馆的服务提出了科学的、严格的要求。

（4）技术措施

目前，在公共图书馆的各项业务中，数字资源发现与获取、数字版权保护、远程访问控制、读者信息管理等多个方面，都有成熟的技术解决方案，为用户权利保护提供了自动化系统的保障。

（5）社会教育

公共图书馆是一个面向全社会开放的文化机构，公共图书馆的建设是一个需要全社会共同参与的工作，所以，社会教育是保障图书馆用户权利的一项重要工作。对内，要加强馆员的法律意识，强化职业道德和业务规范的教育。对外，在用户层面，进行公共图书馆服务相关法律政策和业务规范的宣讲，使图书馆用户树立正确的法律意识，了解保护自身权利的正确方法和途径；在社会层面，进行广泛宣传，使相关政府部门和公众正确认识和把握公共图书馆的特点和服务属性，有效监督公共图书馆的工作，对公共图书馆事业的发展给予更全面的理解和支持。

3. 用户培训

公共图书馆有计划、有目标、有步骤地开展用户培训工作，既是公众的文化需求，也是公共图书馆必须履行的职责，更是图书馆提高资源利用率、拓展服务的有效方法。

（1）培训的主要内容

①图书馆基础知识

这是最为基础、最重要的培训，可以帮助用户了解图书馆基本概况、馆藏资源特点及布局、文献分类常识和查找方法、各类服务介绍等知识，为用户更好地利用图书馆资源奠定良好的基础。

②图书馆资源与服务推介

介绍图书馆最新的资源和服务，使用户能从众多类型的资源和服务中迅速锁定自己所需要的。

③文献信息检索技能培训

这是提升用户信息素养的一种比较综合的培训，教会用户在合理的时间从种类繁杂、数量庞大的各类资源中获取有用信息，旨在帮助用户更为全面地掌握信息加工和处理的方法，更好地驾驭信息工具。

此外，还可根据用户的需求举办计算机应用能力培训、外语培训等等，以提升公共图书馆的社会影响力，培育潜在用户。

（2）培训的主要方式

①用户到馆培训

一是在专门的教室培训。现在很多图书馆都有系统的用户培训计划，在固定的时间和地点进行。二是与图书馆日常工作相结合对用户进行辅导。这是图书馆参考咨询工作的重要方式。用户在使用图书馆的过程中，可以随时得到馆员的指导和帮助，解决遇到的问题。这种培训贯穿于图书馆服务工作的始终，可以强化用户的服务感受，提升用户满意度。

②用户所在机构的现场培训

针对某一机构的用户进行培训，可根据特点和需求设计课程，这种培训方式更容易形成培训讲师与用户的互动。

③远程培训

通过各种媒体和网络进行培训。大多数图书馆采用集中面授与借助网络进行远程教育相结合的方式开展用户培训。远程培训主要有两种方式：第一，开设专门的网络培训平台或者是培训栏目主页。图书馆制作专门的培训录像、交互式培训课件或培训讲义，上传到网上加以传播，有的图书馆通过虚拟参考咨询系统向用户提供远程辅导。远程培训具有成本低、服务范围广、便于维护等特点。第二，利用广播电视网络进行培训。广播电视网络是用户培训的新平台。国家图书馆等先进图书馆已经建设有数字电视频道，通过有线电视网络播放培训教育节目，既经济又便捷。

（三）用户满意度测评

用户满意度测评是公共图书馆服务质量评价的重要组成部分。基本流程主要包括八个环节：

1. 明确测评目的

在进行用户满意度测评方案设计时，首先要明确测评的目的是什么，明确是对图书馆的整体服务进行测评、还是对某一项具体服务措施进行测评。

2. 确定测评对象

根据测评的目的和内容，选择适当的对象参与测评，既保证测评对象具有广泛性和代表性，同时保证测评对象与测评内容相一致。

3. 问卷设计

问卷设计是测评工作中最为关键的一个环节，决定着测评工作能否达到预期目标。问卷一般包括背景介绍、填写说明、测评对象基本情况和测评问题等内容。

4. 确定抽样方法

任何测评都不可能面向全体用户开展，一般采取随机抽样的方式确定测评对象。

5. 实施调查

问卷调查可以采取当面问询、信函、电话、网络等形式进行。

6. 数据整理及分析

对回收的问卷进行整理和分析。首先剔除无效问卷，然后根据不同维度和指标进行问题分类和汇总，并通过图表对汇总的数据进行可视化处理。

7. 编制测评报告

首先完成测评统计分析，然后将测评的背景、目标、测评指标设计、调研情况、测评数据分析、测评结果分析等内容汇编成册。

8. 制定改进方案

根据测评发现的问题，逐一对问题产生的原因进行阐述，并制定出有针对性的、可行的服务改进方案。

四、公共图书馆的核心业务

概括来讲，图书馆的业务工作有两大体系，一是文献信息资源建设（文献信息输入），二是读者服务工作（文献信息输出）。

文献信息资源建设主要工作流程有文献信息搜集、登录、加工整理、文献组织等环节。

读者服务工作主要包括文献提供、阅读推广、参考咨询、文献检索、网络信息导航与服务、用户发展教育培训等内容。

以上两大部分构成了图书馆业务工作体系的主体。基于此，公共图书馆的核心业务可以分成六大部分。

第一，信息资源建设。

第二，文献加工。

第三，文献提供。

第四，信息服务。

第五，读者活动。

第六，乡土知识与地方文化的开发和保护。（在以后的章节中要详细讲解）

五、科学发挥公共图书馆的社会职能

（一）创新服务理念

要实现从以书为中心向以人为中心转变，树立用户第一、读者至上的服务理念。公共图书馆的所有业务都要围绕读者需求来展开，每一个环节都要从服务读者的角度出发进行设计安排，尽可能将图书馆的服务工作做得更为细致、更为人性化。

要树立“藏用结合，以用为主”的服务理念。现代公共图书馆必须积极拓展服务手段，完善信息服务职能。可以设置自助图书馆、数字图书馆、虚拟图书馆以及流动图书馆等多种形式，同时配合馆际互借、文献传递等服务方式，以方便读者使用图书馆信息资源为目标，满足不同群体读者多元化的信息需求。要由被动、静态服务向主动、动静结合服务转变。

（二）注重资源建设

公共图书馆要加强数字化资源建设，要根据实际情况，适当削减纸质资源，增加数字化资源的采集，并尽量保持数字化资源的丰富性、连续性、新颖性，从而满足读者多样化的信息需求。深层次开发信息资源，自建专题数据库。公共图书馆可以结合自身馆藏优势及读者需求的特点，选择某个专题，组织、开发相关信息资源，打造出一个涵盖这一专题的最专业、最全面、最准确、最新颖信息资源的特色文献专题数据库，满足读者个性化的信息需求；要积极参与推进公共数字文化服务建设，实现数字文化资源的共建共享，并且要创造条件，采取多种方式，如演播、展览、流动站等方式，真正让数字文化服务惠及大众，满足广大读者对文化资源日益增多的需求。

（三）拓展服务

公共图书馆应充分借助计算机、通讯、网络等现代化信息技术来拓展和延伸读者服务工作，例如利用馆藏目录查询系统、文献传递系统、个人图书馆管理系统、信息导航、网络咨询、电子邮件、网络论坛等开展服务工作，有条件的公共图书馆还应建立手机图书馆、开通图书馆微博、微信公众号等，通过公众热衷的新兴媒介来做好读者服务工作，不断推动公共图书馆信息服务工作朝着现代化、智能化、个性化的方向发展。其次，公共图书馆还应积极开辟报告厅、展览厅等专门的服务场地设施，通过开展多种多样的文化教育活动来拓展服务方式，例如举办学术报告会、真人图书馆、艺术展览、音乐鉴赏、教育培训等。这种群体性的文化教育活动形式生动活泼，往往能够发挥更大的社会价值。

（四）完善文化休闲职能

公共图书馆文化休闲职能的社会效益越来越明显，图书馆可以通过营造文化休闲环境、设置文化活动设施，开展丰富多样的文化活动来加以完善。在馆舍结构、装修设计、功能布局、生态环境等各方面都要融入人文思想和艺术气息，营造出自由、轻松、舒适的休闲文化氛围，置身其中能够让人感到身心的放松和愉悦。公共图书馆可以结合自身条件，设置学术报告厅、演播厅、展览厅、朗读室、多媒体放映厅，以利于开展专题讲座、文化展览、朗诵、多媒体视听等文化活动。有条件的公共图书馆还可以开设咖啡厅、书吧、茶室、健身房甚至餐厅等新型文化娱乐设施，满足读者一体化的需求，吸引更多读者进入图书馆，在良好的氛围中得到心灵和智慧的升华。

综上所述，公共图书馆要明晰自己的社会职能，采取有效的途径与措施，充分发挥自身的社会职能，提升国民素质。

第三节　公共图书馆服务

服务是公共图书馆赖以生存和发展的基础。公共图书馆服务是指公共图书馆面向读者提供文献与信息并开展各种活动的一个体系，包括工作内容、工作方法和实践经验等。在概念上，公共图书馆服务过去称为读者工作或读者服务，随着服务功能和范畴的不断扩大，发展为“公共图书馆服务”。

一、公共图书馆的服务理念

在图书馆工作中，先进的服务理念是优质高效图书馆服务的保障，理念是行动的指引。国际、国内的公共图书馆服务理念一直在不断发展、完善。

（一）国际图书馆服务理念

1. 杜威的“图书馆三最原则”

美国图书馆学家杜威提出读者服务三最原则，即：用最小的成本为最多的读者提供最好的图书。该原则强调的是图书馆工作的效率。

2. 阮冈纳赞的“图书馆学五定律”

阮冈纳赞是在印度图书馆界和国际图书馆界中有较高声誉的图书馆学家。撰写了《图书馆学五定律》，在这本享誉世界的图书馆学名著中，他提出了图书馆学五定律：

第一定律：书是为了用的。阐明了图书馆的性质和任务，指明了图书馆工作的出发点和目的。图书馆的主要职能不是收藏和保存图书，而是使图书得到充分利用。

第二定律：每个读者有其书。要求图书馆的大门向所有人敞开，让每个人都享有利用图书馆的平等权利，真正做到书为每个人和每个人都有其书。

要实现第二定律，国家、图书馆主管者、图书馆员和读者等四方都应承担起各自的责任来。

第三定律：每本书有其读者。要求为每本书找到其合适的读者。图书馆为满足第三定律所采用的主要手段是开架制。开架制的结果就是大大地提高了藏书的利用率。参考咨询服务也是实现“每本书有其读者”的一项必要措施。图书馆有必要派遣一批馆员在馆内流动咨询，指导读者使用目录、选择图书。这既是图书馆宣传工作的任务，也是图书馆为增加“每本书有其读者”的机会所经常采用的手段。

第四定律：节省读者的时间。节省读者的时间就是节省社会的时间，也就是增加社会的财富。与闭架借阅方式相比，开架借阅方式则可节省读者在目录中查找图书和等候图书所浪费的时间。第四定律在强调采用开架借阅以节省读者的时间的同时，还强调通过科学排架、目录工作、参考咨询服务、出纳系统、馆址选择等多种途径来节省读者的时间。

第五定律：图书馆是一个生长着的有机体。作为一种机构的图书馆就是一个生长着的有机体，图书馆正是由藏书、读者和馆员三个生长着的有机部分构成的结合体。

五定律提出后被誉为“职业最简明的表述”，其精髓至今还对图书馆工作具有积极的指导意义。

图书馆服务的使命是为人类文化素质服务；掌握各种知识传播方式；明智地采用科学技术来提高服务质量；确保知识的自由存取；尊重过去，开创未来。全心全意为每一个读者或用户服务；“效率、质量与效用”的统一；提高读者或用户的素养；努力保障知识与信息的自由存取；传承人类文化。

3.《公共图书馆宣言》提出“平等免费服务”

《公共图书馆宣言》是由联合国教科文组织发布的，先后两次修订。宣言分为宣言理念、公共图书馆、公共图书馆的使命、拨款立法和网络、运作与管理、宣言的贯彻实施六个部分，宣言中的重要部分是关于公共图书馆服务理念的论述。公共图书馆，作为人们寻求知识的重要渠道，为个人和社会群体进行终身教育、自主决策和文化发展提供了基本条件。

宣言在公共图书馆部分指出：公共图书馆在人人平等的基础上提供服务，而不论人们在年龄、种族、性别、宗教、国籍、语言或社会地位上的差异。必须向那些因任何缘故不能获得正常服务和资料的用户提供特别服务，例如向讲少数民族语言的用户、残疾人、住院病人或狱中囚犯提供特别的服务和资料。

（二）国内图书馆服务理念形成与完善

1.“新图书馆运动”时期图书馆学家的服务理念

“新图书馆运动”是一个席卷全国的推广、普及近代图书馆的运动，由中国图书馆学家、中国获得图书馆学专业学位的第一人沈祖荣先生发起，前后持续了十年左右的时间。对国内初步建立近代图书馆体系，实现图书馆读者对象普遍化，图书馆藏书逐渐合理化，图书馆管理科学化等都产生了重大和深远的影响。

2. 新中国的图书馆服务理念

新中国成立后，公共图书馆奉行“为工农兵服务、为科学研究服务”的方针，一律实行免费服务。20 世纪 80 年代末至 90 年代，出现了新情况，各地公共图书馆经历了一个“以文养文”“以文补文”“文化搭台、经济唱戏”和全面开展有偿服务的时期。

进入 21 世纪，公共图书馆在理论研究和实践上出现突破，各级政府的公益文化观念开始建立，先进的理念引领图书馆的服务。

（1）《中国图书馆员职业道德准则（试行）》

中国图书馆学会颁布了《中国图书馆员职业道德准则（试行）》，要求馆员履行下列职业道德准则：①确立职业观念，履行社会职责。②适应时代需求，勇于开拓创新。③真诚服务读者，文明热情便捷。④维护读者权益，保守读者秘密。⑤尊重知识产权，促进信息传播。⑥爱护文献资源，规范职业行为。⑦努力钻研业务，提高专业素养。⑧发扬团队精神，树立职业形象。⑨实践馆际合作，推进资源共享。⑩拓展社会协作，共建社会文明。

（2）《图书馆服务宣言》

中国图书馆学会正式发布《图书馆服务宣言》。

宣言指出：中国图书馆人经过不懈的追求与努力，逐步确立了对社会普遍开放、平等服务、以人为本的基本原则。同时将图书馆的服务目标分为七个方面：①图书馆是一个开放的知识与信息中心。②图书馆向读者提供平等服务。③图书馆在服务与管理中体现人文关怀。④图书馆提供优质、高效、专业的服务。⑤图书馆开展信息资源共建共享。⑥图书馆努力促进全民阅读。⑦图书馆与一切关心图书馆事业的组织和个人真诚合作。

（3）《公共图书馆服务规范》

国家质量监督检验总局、国家标准化管理委员会以国家标准的形式发布了《公共图书馆服务规范》。对公共图书馆的服务提出了规范的、详细的、具体的要求。

（4）《中华人民共和国公共图书馆法》

《中华人民共和国公共图书馆法》第四章对公共图书馆服务提出了明确要求：公共图书馆应当按照平等、开放、共享的要求向社会公众提供服务。同时对公共图书馆免费服务项目、服务人群、开放时间以及应承担的服务职能做了明确规定。

我国公共图书馆的服务理念归纳起来，有以下几种：以人为本的服务理念、资源共享的服务理念、普遍平等的服务理念、免费开放的服务理念、无障碍的服务理念、重视新技术的服务理念。

（三）中国当代公共图书馆服务理念的应用与实践

1. 以人为本的服务理念

以读者需求为一切工作的出发点。坚持以人为本的理念就意味着公共图书馆要以读者需求为一切服务工作的中心和依据，读者是图书馆生存和发展过程中的决定因素。这一理念在我国公共图书馆服务中得到广泛应用。

首先，图书馆服务活动的设计处处为读者考虑。许多图书馆延长开放时间，开通了24小时借还书、自助借还等多种服务渠道，一些图书馆利用先进的技术手段实行了方便读者的服务措施。很多图书馆利用先进的技术手段开展了“你选书、我买单”图书推荐购买服务。

其次，以用户需求为中心主动开展读者服务活动。随着民众对讲座服务的需求越来越高，很多图书馆开展了公益讲座活动，并形成了品牌。在开展讲座的同时，很多图书馆利用多种形式，围绕提高信息素养、知识水平、实用技能等开展了内容丰富的读者培训。同时开展了图书推荐、经典研读等各类人性化的服务。

第三，为弱势群体用户开展特殊服务。弱势群体是根据人的社会地位、生存状况而非生理特征和体能状态来界定的一个虚拟群体，是社会中一些生活困难、能力不足或被边缘化、容易受到社会排斥的散落的人的概称。例如，儿童、老年人、失业者、贫困者、下岗职工、灾难中的求助者、进城务工人员、非正规就业者以及在劳动关系中处于弱势地位的人。公共图书馆有责任为弱势群体提供保障性服务。

2. 资源共享的服务理念

图书馆在自愿、平等、互惠基础上，通过建立图书馆与图书馆之间或与其他相关机构之间的各种合作、协作、协调关系，利用各种技术、方法和途径，共同揭示、共同建设和共同利用信息资源，以最大限度地满足用户信息资源需求。图书馆开展信息资源共建共享。各地区、各类型图书馆加强协调与合作，促进全社会信息资源的有效利用。国家支持公共图书馆开展联合采购、联合编目、联合服务，实现文献信息的共建共享，促进文献信息的有效利用。

由于单个图书馆资源建设和服务能力是有限的，在现代信息技术的支持下，资源共享已成为提高图书馆服务效率、满足全社会信息需求的必然趋势。近年来，我国公共图书馆的资源共享活动取得了良好的效果，产生了全国文化信息资源共享工程、数字图书馆推广工程、全国公共图书馆讲座联盟、全国图书馆联合参考咨询联盟等一批资源共享项目和组织。部分大中城市建成市、县、乡、村公共图书馆服务网络，实现了区域群整体上的资源整合和业务整合，实现了一馆办理图书借阅证件、多馆借书，一馆借书、多馆还书的通借通还目标。

3. 普遍均等的服务理念

图书馆向读者提供平等服务。各级各类图书馆共同构成图书馆体系，保障全体社会成员普遍均等地享有图书馆服务。普遍均等的理念包括两个方面，一是普遍、一是均等。

普遍是指图书馆将服务触角深入到基层，任何民众都能就近享受图书馆服务。均等体现在平等利用信息资源是公民的基本权利和图书馆的基本义务，任何读者（用户）都不应受到歧视。

4. 免费开放的服务理念

免费开放是实现公共图书馆普遍均等服务的基本保障。世界上第一个公共图书馆曼彻斯特公共图书馆从诞生之初起就明确了免费开放的理念，而在中国，公共图书馆免费开放经历了漫长的过程，20 世纪八九十年代，国家实行以文补文、创收补文。进入 21 世纪，免费开放的服务理念开始影响我国，全国所有公共图书馆实现无障碍、零门槛进入，公共空间设施场地全部免费开放，所提供的基本服务项目全部免费。终于，我国公共图书馆免费开放在国家政策上得到了保障。《公共图书馆法》的施行为公共图书馆免费开放提供了法律保障。

5. 无障碍的服务理念

无障碍服务是提高残疾人能力并促进其融入社会的一种手段，包括信息通信技术和互联网两个范畴。公共图书馆必须向由于各种原因不能利用其正常的服务和资料的人，如残疾人等，提供特殊的服务和资料。政府设立的公共图书馆应当考虑老年人、残疾人等群体的特点，积极创造条件，提供适合其需要的文献信息、无障碍设施设备和服务等。

近年来，我国公共图书馆利用信息技术和上门服务等多种方式为残疾人提供无障碍服务取得了较大进展。例如，首都图书馆建设无障碍图书馆，引进阳光读屏电脑、盲文点显器、助视器等帮助盲人读者上网、阅读；上海图书馆制作有声读物和无障碍电影。

6. 重视新技术的服务理念

公共图书馆是信息技术发展的灵敏反应区。国家构建标准统一、互联互通的公共图书馆数字服务网络，支持数字阅读产品开发和数字资源保存技术研究，推动公共图书馆利用数字化、网络化技术向社会公众提供便捷服务。政府设立的公共图书馆应当加强数字资源建设、配备相应的设施设备，建立线上线下相结合的文献信息共享平台，为社会公众提供优质服务。随着现代化技术的发展，手机图书馆、无线射频识别技术、云计算等高端技术都在公共图书馆得到了应用。各级公共图书馆建立了各有特色的数字化服务网络，利用微信、微博、网站等网络平台开展了大量管理工作和服务活动，大大提高了公共图书馆的管理水平和服务效率。同时，很多城市建成区域性公共图书馆服务网络，实现了文献的通借通还。

二、公共图书馆的服务内容

（一）公共图书馆服务分类

1. 从服务内容上分

可分为传统文献服务和现代信息服务。传统文献服务主要包括以纸质图书与期刊为主要载体的服务，包括借阅服务、新书通报、导读服务等。现代信息服务是在计算机与通信结合的新技术环境下特别是在网络环境下开展的服务，将传统的卡片目录检索发展为联机书目查询和公共目录查询系统服务，将传统参考咨询发展为虚拟信息咨询等。

2. 从服务形式上分

可分为基础服务和高级服务。基础服务是图书馆所有服务中的基础部分，主要有流通服务、阅览服务、导读服务、复制服务、一般检索服务、一般咨询服务、信息素养培训等。高级服务是在基础服务之上形成的知识化和专业化服务。例如高级咨询服务、定题服务、翻译服务、查新服务、学科馆员服务、机构知识库服务等。

3. 从服务空间上分

可分为物理空间服务和虚拟空间服务。前者以图书馆建筑为标志，分馆内服务和馆外服务；后者主要表现为计算机网络服务、手机服务、广播电视服务等。

（二）文献借阅服务

文献借阅包括文献外借和文献阅览服务两方面。

1. 文献外借服务

文献外借是各级公共图书馆的传统服务之一。从最初的手工借还到今天的自助借还，服务手段、服务内容和服务形式不断丰富，对从业人员的专业素质要求也越来越高。

（1）文献外借服务的形式

主要有个人外借、集体外借、馆际互借、预约借书、邮寄外借、流动外借等形式。

馆际互借：图书馆之间根据协定相互利用对方馆藏以满足本馆读者需求的外借形式。主要作用是各馆之间可互通有无，弥补本馆馆藏的不足，多途径地满足读者需求。

邮寄外借：根据残疾人保障法规定，盲人读物邮件可免费邮寄，所以可通过邮局为视障读者邮寄图书。例如，上海图书馆常年开展为视障读者提供免费邮寄外借服务。

（2）文献外借服务的内容

主要包括办理借书证、文献外借、文献续借、文献催还及相关工作。

2. 文献阅览服务

文献阅览服务是公共图书馆为读者提供的基础服务之一，是指图书馆为其读者提供图书报刊或数字资源阅览服务。可分为馆内阅览和馆外阅览。馆外阅览需要图书馆提供较多的复本，同时流通周期也会影响图书文献的使用。馆内阅览服务在某种程度上缓解了馆外阅览带来的问题。馆内阅览除了给读者提供阅览书刊的服务外，还能够起到保护珍贵文献、特有文献的作用。馆内阅览服务一般设有书刊阅览室、多媒体阅览室、特色馆藏阅览室等。

3. 文献借阅服务发展的保障

（1）加强基础设施建设

基础设施是馆内借阅服务得以顺利开展的保障。基础设施的建设，一是要加强基本硬件的投入，保障读者的阅读空间。如设置休闲空间、学习空间，增强读者的阅读体验。二是加强可便利读者的设施建设，如阅览桌椅、饮水机、打印机、存包柜等的配置。三是加大网络建设投入，如增加有线终端提供和无线网络的建设。

（2）拓展传统服务

除了传统的借阅外，公共图书馆围绕满足读者阅读需求，还应拓展其功能性的服务，为读者提供检索、导读等服务。为了方便读者检索，图书馆一般在馆内配置读者检索专用电脑，便于读者利用公共目录查询系统查找馆藏资源，同时应在馆内设置导读岗，辅助读者阅读文献。导读是指导读者阅读的工作，包括读者阅读理念、方法、技术教育和相关教育等。图书馆应在馆内设置导读岗，明确专人承担导读服务，辅助读者阅读文献。为吸引读者可编制宣传册和读者指南等材料进行辅导。

（3）重视新技术应用

充分利用现代信息技术为读者提供自助服务是近年来公共图书馆服务发展的特点之一。相当一部分图书馆引入了射频识别技术，实现了自助办理图书借阅证、自助借还等智能化服务，部分引入了 24 小时无人值守的自助图书馆，大大方便了读者的借阅需求。

（三）参考咨询服务

参考咨询是公共图书馆服务的核心业务之一，是指图书馆员解决用户在获寻图书馆信息资源过程中提出的问题，并以一定的专业方式尽可能地向用户提供帮助。

公共图书馆的参考咨询强调为所有人服务，服务职能是为信息咨询对象直接以其需要的方式提供信息、知识或解决方案。除此之外，还要教育用户，多方位地满足用户需求。

1. 图书馆咨询服务的类型

（1）普通咨询服务

包括向导性咨询和辅导性咨询。针对读者提出的馆藏方位和服务区域方位等咨询问题给予向导性解答，并对读者的一般需求进行辅导，帮其更全面地掌握利用图书馆的方法。

（2）政府决策咨询服务

政府设立的公共图书馆应当根据自身条件，为国家机关制定法律、法规、政策和开展有关问题研究，提供文献信息和相关咨询服务。为地方政府提供决策服务主要包括立法决策服务、政治决策服务、经济决策服务等。

立法决策服务是指图书馆的参考咨询部门（或立法决策服务部门）以及专门人员解答用户在立法决策活动中提出的各种问题，包括帮助检索、提供文献资料、收集数据等服务。

（3）面向科研机构与企业的咨询服务

科研机构和企业有着明显的不同，公共图书馆面向二者的咨询服务项目、服务提供方式和资源提供种类等方面存在着差异。

科研机构的咨询需求产生于学科研究、技术活动及知识创新等科研工作中，公共图书馆必须针对他们的特定需求，并充分考虑学术工作者的信息素养层次，提供依托海量文献资源的、科技含量高的、有利于科研创新的高效咨询服务。面向科研机构的一般咨询主要包括事实知识咨询、专题咨询、相关信息检索、文献跟踪服务和综述撰写等五类。

企业人员的信息需求层次不一，通常需要知悉与本企业良性运行相关的若干信息，以便达到企业利益的最大化。公共图书馆开展咨询服务时，需要分清企业的规模大小和咨询要求，量体裁衣地为企业提供合适的、能够解决企业外部问题的、促进企业发展的有效咨询。企业咨询服务以情报产品提供为主。

（4）参考咨询的文献提供

公共图书馆的文献提供依赖于丰富的馆藏资源，体现为文献传递、参考咨询、馆际互借、文献传递、信息传播等服务形式。作为参考咨询的文献提供是以咨询服务为根本目的，通过文献检索、查询、传递服务来满足用户的咨询需求，用户在此过程中通常需要负担费用。

文献提供的资料类型应包括各种载体、各种类型和语种的文献资料。如纸质材料、光盘、图书、期刊、论文等等。

文献提供的发送途径可采用普通邮寄、快递以及依托网络、通信设备的各种传递方式，如网络文献传递系统、传真、电话、电子邮件等。

2. 图书馆咨询服务的形式

传统咨询包括电话咨询、到馆咨询。网络咨询包括信息推送、虚拟咨询。虚拟参考咨询是指基于互联网的参考咨询，以网络技术作为依托，可利用的参考信息除了纸质文献外更多的是数字文献。虚拟参考咨询具有及时交互性、开放广泛性、公益指导性、服务手段网络化、服务方式个性化、服务资源共享化等特征。

3. 图书馆咨询工作的流程

受理咨询：口头、书面、电话、信函、网络等。

文献（信息）检索：查找文献（信息）。

答复咨询：提供答案、介绍参考工具书；提供专题书目、二次文献及文献线索；直接提供原始文献；提供网址。

建立咨询档案：记录读者信息、咨询内容、解答方式，读者反馈意见等。

（四）流动服务

流动服务是为远离图书馆和不便来馆的读者及潜在读者提供文献服务的一种服务方式，也称为移动图书馆或流动图书馆，是图书馆开展延伸服务的有效方式。流动服务包括汽车图书馆、流动服务站等多种形式，较为常见的是流动服务车，也称为汽车图书馆。在北欧沿海地区还有图书船、图书艇向当地渔民提供服务。我国早期的汽车图书馆建于上海和北京。

（五）政府信息公开服务

政府信息是指行政机关在履行职责过程中制作或者获取的，以一定形式记录、保存的信息。各级人民政府应当在国家档案馆、公共图书馆设置政府信息查阅场所，并配置相应的设施设备，为公民、法人或者其他组织获取政府信息提供便利。

公共图书馆开展政府信息公开服务，首先要设立政府信息查阅中心，在此基础上开展政府信息网络服务，并不断深化服务内容，提供个性化政府信息服务，拓展服务途径。与此同时，政府信息公开服务要以政府信息的可公开性为主导方向，与政府有关部门和领导密切协作，全面搜集公开信息，在馆内增设布告栏、显示屏、电子查阅点等设施设备来满足读者的查阅需求，同时应定期对读者进行培训，指导其掌握解读政府信息的方法。

（六）面向特殊群体的服务

政府设立的公共图书馆设置少年儿童阅览区域，根据少年儿童的特点配备相应的专业人员，开展面向少年儿童的阅读指导和社会教育活动，并为学校开展有关课外活动提供支持。有条件的地区可以单独设立少年儿童图书馆。政府设立的公共图书馆应当考虑老年人、残疾人等群体的特点，积极创造条件，提供其需要的文献信息、无障碍设施设备和服务等。

公共图书馆和少儿图书馆应当将少年儿童作为图书馆的重要读者对象提供主动充分的服务，根据年龄与功能分区开展服务，策划组织举办形式各异的少儿阅读推广活动。

公共图书馆对老年人、残障人士的服务应体现人文关怀，在设施设备配置上要充分考虑他们的身体特点和需求，除提供普通的借阅服务外，要根据他们的特点开展导读、培训等活动。公共图书馆要针对农民工的需求开展阅读服务与信息服务，开展以就业和提高技能为目标的培训，提高农民工及其子女的文化素养，让农民工了解城市文化、融入城市文化，有利于促进全社会文明程度的提高。

三、公共图书馆服务方式和手段创新的意义和价值

（一）服务方式和手段创新是贯彻落实科学发展观的具体体现

科学发展观的核心是以人为本，根本目的是实现人的全面发展。公共图书馆是直接为读者服务的，为实现人的全面发展服务的。以读者为本是图书馆的办馆宗旨，要想读者之所想，做读者之所需。图书馆的工作必须以读者需求为导向，读者的需求变化了，服务方式和手段也要相应地变化，故步自封、墨守成规就不能满足读者的需要，就会被读者所抛弃。认真研究读者的需求，主动为读者服务，就能赢得读者的青睐，吸引更多的读者。

（二）服务方式和手段创新是实现图书馆功能的途径和桥梁

从哲学和管理学的角度来看，目标任务与方式手段是相互依存的，目标任务依赖方式手段，方式手段为目标任务服务。一定的目标任务要通过一定的方式手段才能达成，离开了方式手段，目标任务就会落空。这就是常说的，要过河首先要解决桥或船的问题，没有桥或船，就无法过河。方式手段是实现目标任务的途径和桥梁。如果不重视服务方式手段的创新，为读者服务、办读者满意的图书馆，就只能是一句空话。

（三）服务方式和手段创新是公共文化服务体系建设的重要内容

在公共文化服务体系建设进程中，积极探索实践，创新公共文化服务体系建设体制机制，创新公共文化服务方式和手段，并取得显著成绩，具有典型示范作用和推广价值。一个图书馆的优劣，不仅表现在硬件设施上，更表现在服务上，而服务方式和手段则是其服务水准的外在表现。

四、公共图书馆服务方式和手段创新的主要举措

公共图书馆服务方式和手段创新的内容很丰富，不同的图书馆有不同的做法，图书馆主要在以下三个方面进行了探索。

（一）创立总分馆体制，构建图书馆服务网络体系

过去的图书馆，都按行政关系隶属于不同的主体，各馆之间各自为政，互不相通，资源不能共享，重复建设，馆藏雷同，读者多处办理图书借阅证，奔波于各馆之间，虽多有不便但也无可奈何，这是体制性弊病。把建立总分馆体制作为办馆模式，以区图书馆为总馆，街道、社区图书馆为分馆，形成区—街道—社区三级公共图书馆服务网络。总分馆之间实行统一拨款、统一采购、统一编目、统一配置、统一管理，实现业务一体化、标准化，资源共享化，并通过计算机网络，实现通借通还。

1. 在总馆建设方面

（1）精心设计，营造舒适的读书环境

将阅览桌与书架交替排列，读者坐在书架之间，取阅方便，犹如在自家书房；把好位置留给读者。靠窗位置光线充足，空气清新，最大限度地用于放置阅览桌，供读者使用；设置露天休憩平台。将露天平台定位为读者专用休憩区，种植植物，设置太阳伞雅座。

（2）传统藏书加数字图书馆，为读者提供丰富的信息资源

实现馆内局域网无限制使用与馆外统一认证登录使用，读者可免费上网和下载。

（3）构建人性化服务平台，实现通借通还

通过图书馆集群管理系统，建立起以区图书馆中心数据库为核心的总分馆统一管理业务平台。所有图书可以在总分馆之间任意地点借还，而且图书归还后馆藏地点自动变更为当前馆，可以立即上架流通，不必送回原馆，真正实现总分馆之间的文献资源共享和通借通还。

2. 在分馆建设方面

（1）社区分馆与主题分馆相结合

为了避免各分馆藏书重复、雷同，在某些人群集中的地方建立主题分馆，如老年图书馆、少儿英语图书馆、书画图书馆、艺术图书馆和设计图书馆。

（2）基本馆藏与特色馆藏相结合

各分馆的馆藏采用基本加特色，除满足大多数普通读者的基本藏书外，经过充分调查，根据不同社区的人口构成、职业、年龄等特点，分别为其配备旅游、美食、养生保健、书画艺术、音乐、外语、普法、廉政等特色藏书。

3. 精心设计各类活动

区馆和各街道、社区图书馆举办读者活动，如演讲比赛、知识竞赛、艺术沙龙、专题报告等等。时间固定，每月举办次数固定。可以进行全程录像并刻成光碟，将视频放在本馆网页上供读者点播，还全程速记，整理成文，汇编成册，供读者借阅。主题涉及政治、经济、文化、社会方面的热点问题，涵盖文学、艺术、科技、教育、卫生、保健、环保、建筑、历史、民俗等内容。

4. 开展特色服务，普惠与特惠相结合

（1）延时、错时、错峰

①延时服务

总分馆全面延长开放时间。区图书馆由原来每周开放 64 小时延长为 72 小时，街道图书馆由原每周开放 3 小时延长为 60 小时，社区图书馆由原每周开放 36 小时延长为 54 小时。

②错时休息

各图书馆之间错开闭馆休息时间，让读者每天都有地方读书。区图书馆周二闭馆，与市馆周一闭馆错开；各街道、社区图书馆也分别错开闭馆休息时间，周一至周五轮流闭馆休息，保证区域内每天都有一家或几家图书馆对外开放。

③错峰开馆

在保证每周开放总时间的前提下，根据各社区居民、读者对象的职业特点、生活习惯的不同，错开对外开放时间，以保证在读者最多的时段开放服务，在读者最少的时段休息。

（二）信息化技术服务

1. 短信服务

利用手机短信提醒读者到期还书、查询借阅情况、办理续借手续，或者将公益讲座、公益电影等各种活动消息及时发送给读者。

2. 数字图书进网吧

与网吧签订协议，将数字图书馆服务延伸到辖区网吧电脑终端，实现网吧电脑终端对数字图书馆电子书刊资源的无障碍免费使用。

（三）针对特殊人群的服务

（1）四点钟学校

区馆及各街道、社区图书馆，每天下午四点钟接待周边小学生一起看书、写作业，进行课外辅导，解除家长的后顾之忧。

（2）关爱服务

针对残障、老年等人群的服务，如设立固定服务点定期上门更新图书，在区图书馆及部分街道馆设立盲文图书阅览区，为视障读者提供特殊文献借阅服务。

（3）企业服务点

区图书馆与企业共建小型图书室，企业负责提供场地和管理员，区图书馆负责提供图书、管理系统和培训管理员，服务点仅对本企业员工服务。

（4）企业流动书架

区图书馆在企业设流动书架，给企业办理集体借书证。企业向区图书馆成批地借还书，企业兼职的图书管理员再向员工借还书。

（5）流动服务

租用车辆定期或不定期将最新图书送至人流较多但没有场地建立分馆或固定服务点的地方，方便读者办理图书借阅证和借阅。

第二章　公共图书馆资源建设与服务的过程与规划

第一节　公共图书馆收集和整理资源的方法

一、数字信息资源的收集和整理

（一）数字信息资源采选方式

1. 单独采购

公共图书馆服务体系的总馆单独采购数字信息资源，并获得整个公共图书馆服务体系共享使用的授权。东莞市图书馆集群网是单独采购模式的典型代表。集群网的数字信息资源由东莞图书馆单独采购，但是通过购买全市使用权的方式为分馆提供数字信息资源共享服务。鉴于总馆资源购置经费的限制，通常单独采购的数字信息资源的规模都较小。

2. 联采共享

公共图书馆服务体系的全部或者部分成员馆联合采购特定的数字信息资源，共享数字信息资源的并非用户个数。成员馆可以根据本馆需要，灵活选择加入何种数字信息资源的联合采购，以提高馆藏资源建设的针对性。联合图书馆的大多数区级图书馆和部分镇级图书馆均是以联采共享的方式建设本馆的数字馆藏。联采共享通过集合成员馆的力量，有效缓解各馆单独采购数字信息资源的压力。联采共享适合购买价格较高、需求量较大的数字信息资源。

3. 集团采购

公共图书馆服务体系的成员馆以组团的方式采购数字信息资源，各馆之间以互相开放 IP 的方式，共享其他图书馆采购的数字信息资源。在集团采购中，采购人员代表所有成员馆与资源供应商谈判，有助于降低谈判成本与资源采购价格，并获取良好的售后服务及技术支持。集团采购以其价格优惠、省时高效等优势，而备受公共图书馆服务体系青睐。

（二）数字信息资源长期保存

数字信息资源自其诞生之日起就需要持续不断的维护，随着存储载体、识别软件、数据、信息模型和标准等的更新，不断迁移和转换，才能被无障碍地利用。考虑到数字信息资源长期保存需要高昂的成本和先进的技术，公共图书馆服务体系适宜采用委托保存和合作保存的方式。

1. 委托保存

对于公共图书馆服务体系而言，最经济的数字信息资源保存方式是委托资源供给方和图书馆之外的第三方机构集中保存。第三方机构建设数字库房既可以共享维护数据安全与有效的专业技术，又可降低长期保存的费用。数字信息资源委托保存将成为公共图书馆服务体系数字信息资源长期保存的一个发展趋势。

2. 合作保存

不同的组织机构、社会团体之间合作保存数字信息资源是一种被国际社会普遍推崇的长期保存模式。为应对英国数字信息资源安全保存的挑战，大英图书馆、剑桥大学图书馆、英国国家档案馆、英国研究理事会、英国联合信息系统联盟等 29 个组织机构组建了数字保存联盟。与其他机构、团体合作保存数字信息资源对于公共图书馆服务体系而言也不失为一种经济、稳妥的数字信息资源保存策略。突破壁垒的限制，选择适宜的信息资源建设方式，借助全局性的信息资源共建共享实现信息资源供应的聚合效应。

二、普通文献的收集和整理

（一）普通文献信息资源采选

公共图书馆服务体系信息资源建设的目的是以各馆馆藏资源的联合保障为基础，为用户提供普遍均等的信息服务。因此与单体图书馆各自为政，追求“大而全”“小而全”的传统馆藏采选观念不同，公共图书馆服务体系强调信息资源的整体布局和分工收藏，其文献信息资源采选方式主要是协调采选和集中采选。

1. 协调采选

公共图书馆服务体系的成员馆根据各自的收藏范围与收藏重点，分工联合选择和采集文献。协调采选强调区域内图书馆对异质性文献的采集，目的是使各成员馆都形成特色化、专门化的馆藏资源体系。基于成员馆的优势互补，形成完备的地区性文献保障体系。

2. 集中采选

公共图书馆服务体系的总馆集中所有成员馆的购书经费，独立或者与成员馆的采访人员合作选择、集中采购文献。集中采选是对公共图书馆分级财政体制的一种突破，目前仍处于探索阶段，尚未大规模推广应用。为了使采选的文献适应各馆的需求，提高采选工作的针对性，实行集中采选的公共图书馆服务体系大都建立了信息采编中心或成立了采访工作小组。

（二）普通文献信息资源编目

文献信息资源保障体系科学与否直接关系到资源共享的效果，作为文献信息资源保障体系建设的基础性工作，文献信息资源编目的重要性不言而喻。文献信息资源组织方式、编目人员的业务水平，以及奉行的编目原则、执行的编目标准等方面的差异，会导致成员馆的馆藏资源书目数据不统一、不规范，从而影响公共图书馆服务体系文献信息资源的共知共享。为了实现编目标准化，公共图书馆服务体系主要采取联合编目和集中编目两种编目方式。

1. 联合编目

公共图书馆服务体系制定统一的编目原则和编目标准，所有成员馆都据此编制本馆的馆藏文献书目数据，进行书目数据的套录、复制、上传、下载，通过成员馆的协作建立实时更新、准确完备的联机联合目录。不同规模等级的图书馆，其员工编目的技术能力参差不齐，由总馆对所有分编数据进行审校并统一记入书目数据库是非常必要的。联合编目通过整合成员馆丰富的书目数据资源和人力资源，避免书目数据资源的重复建设，降低成员馆的编目成本，实现书目数据资源的共建共享。

2. 集中编目

总馆依靠本馆的编目人员和技术设备，全权负责整个公共图书馆服务体系的文献编目工作。集中编目是与集中采选相伴而生的，集中采选使集中编目具备了必要性和可能性。集中编目生成的书目数据质量较高，但总馆承担的编目业务压力较大，从可持续发展的角度来看，集中编目更适合中小型公共图书馆服务体系。

（三）普通文献信息资源保存

随着社会、科技、文化日新月异的发展，知识、信息的更新速度加快，文献的半衰期变短。文献信息资源保存就是为了维持馆藏文献的新颖性而开展的馆藏文献剔旧、更新、保存等工作。公共图书馆服务体系主要通过建设贮存图书馆的方式解决系统保存馆藏文献与节省馆藏空间之间的矛盾。

公共图书馆服务体系所建的贮存图书馆主要是集中收藏成员馆中少人问津、但仍有一定参考价值的陈旧文献。这样做在保证了信息资源体系完备性的同时，又便于有需要的读者取用。贮存图书馆在促进公共图书馆服务体系的文献流通、满足读者需求、充分发挥文献的使用价值等方面能够发挥重要作用。

公共图书馆服务体系的馆藏文献通常以科普类和休闲娱乐类文献为主，专业文献相对较少，并且分布分散，因此对读者专业信息需求的满足能力相对较弱。版本图书馆的藏书解决了成员馆藏书品种不足的问题，促进了文献信息资源的共享。公共图书馆服务体系也可以借鉴此种做法，通过设立集中收藏专业性较强的文献的版本图书馆，提升其对专业信息资源的保障能力。

三、地方文献的收集和整理

（一）地方文献收集的途径

地方文献是地方政治、经济、文化和社会事业发展以及风俗、民情、自然资源等的综合反映，因而存在着分散性和复杂性，缺乏连续性和系统性，这些都为地方文献收集带来了困难。一个公共图书馆收集地方文献要想有成效，寻找到有利途径是非常重要的，通过工作实践不断摸索总结，下述途径是收集地方文献不可忽视的。

第一，史志办公室是指导管理和审核编辑一个地区地方志和编写当地中共党史的职能部门。收集和占有大量地方志和专业志编写信息，图书馆依靠他们可以获得各类志书的编写、出版、印刷的情况，便于跟踪收集。

第二，各级政协集中了一批经验丰富、学识渊博的当地名流、学者，专门收集研究和编写当地的文史资料或回忆录或考证文章，这部分资料极富地方特色，参考价值高。图书馆同他们建立征集关系，容易得到支持。

第三，社科联、科协和文联。这三部分是本地区联系和团结各类学会、协会、研究会的社会团体组织。一般来讲，学会、协会、研究会都定期或不定期地编辑出版会刊或论文集。这些出版物主要是根据本地实际对某门学科进行理论探索和研究，具有一定的收藏价值。公共图书馆只要多宣传，不仅可以收集到大量有价值的地方文献，还可以收集到部分作者手稿。

第四，从出版部门的新书征订目录和当地报刊上的消息、新书推荐中寻找反映本地内容的出版物，及时同书店和有关作者联系预订或购买，也是一个不可忽视的途径。

第五，散见于报刊上反映本地区政治、经济、科技文化及工农业生产等情况的文章及图片等，包括发表在公开或内部出版的报刊的文章。图书馆将这些零散无序的资料，按一定的标准和规则进行收集整理，即可形成重要的极具保存价值的历史文献。

第六，废旧物品收购站回收的废旧书刊中，也不乏一些有价值的地方文献，只要肯下功夫，沙里淘金，也会有收获的。

（二）地方文献收集的方法

1. 地方文献的传统收集方法

（1）宣传普及图书馆意识

公共图书馆长期以来，不太注意向社会宣传自身的职能和作用，在一般人眼里，往往认为图书馆是借借还还的清闲部门，对图书馆的职能、作用知晓得不多。要想做好地方文献的收集，必须首先加强向社会宣传的力度，不断向人们普及图书馆意识。让单位和社会人士认识到将出版物或行业研究成果和个人著述送交图书馆保存，是功在千秋的文化积累工作。这样，收集地方文献才会受到重视、支持和理解。

（2）持之以恒，坚持不懈

公共图书馆收集地方文献不是一朝一夕的工作，要在广泛性和主动性上狠下功夫。实践中采用电话询问、信函联系、上门拜访、召开座谈会等多种多样的收集方法，力争收到实效。图书馆工作人员要克服怕麻烦、收多少算多少的思想，发挥主观能动性，积极想办法寻找线索，一有线索便跟踪到底。

（3）举办地方文献专题书展

当图书馆收藏的地方文献有一定品种和数量后，就可以举办专题书展，扩大图书馆地方文献工作的影响，带动社会各界人士向图书馆提供信息和主动捐赠地方文献和其他书刊。

（4）赠送地方文献收藏证

对向图书馆捐赠地方文献的部门、集体和个人，图书馆应代表广大读者对他们支持文化积累工作致谢。如：向无偿捐赠地方文献的个人赠送收藏证书，以资纪念，同时提供借、查、阅资料的优惠条件。

2. 地方文献的创新收集方法

传统的收集工作过分依赖地方文献呈缴制度，大多采取守株待兔、坐等上门的方法，明显跟不上地方文献的发展。面对地方文献激增的现状，在经费和人手均不足的条件下，采取省时、省力、省钱的方法，改善地方文献收集工作的被动局面，做好地方文献的收集工作，有以下两个具体方法：

（1）LAM 进行资源选择性共享

图书馆、档案馆、博物馆作为重要的社会公共文化基础设施，在公共文化服务体系中具有举足轻重的地位。国外通常将这三个文化机构简称为 LAM。LAM 拥有丰富的馆藏资源，面对着共同的用户群体，都设法为用户提供属于本部门的文化资源服务。只是收集、保管、传播文献的形式略有不同，使得在服务体系中侧重点不同，各自扮演着不同而又相近的角色。有选择性地进行地方文献资源共享，充分发挥 LAM 各自的长处，在一定程度上可以更好地利用人力、物力、财力，弥补因征集渠道不同造成的缺陷。

（2）运用多种媒体加强宣传、广泛向群众征集

地方文献的征集也可以利用报纸、电台、电视台等媒体，通过馆内外组织专题活动进行点对点、点对面、面对面的宣传。如建设地方文献、参与文化主管部门的活动、派发宣传单、专题展览活动等。这些举措一方面扩大了图书馆的知名度，更重要的是通过这些开放式活动，广大市民群众可以给图书馆提供很多地方文献征集的有用信息，还有一些热心读者会主动将自家收藏的地方文献如家谱、日记、老照片等送至图书馆，希望能够物尽其用。这也使得图书馆的文献馆藏多元化、民间化，让市民在阅读这些文献时有亲切感。

（三）收集地方文献的意义

地方文献在社会和学术界受到广泛重视。记录着某一地区人们从事社会实践、生产实践和科学实践的各种史实和经验，是人类共有的精神财富。是“一方之全史”“一地之百科”，

是在连绵不断的历史进程中不断延续和生产着的重要的史实性文献资源。后人可以借此不断地认识人类社会和自然世界。所以，加强地方文献资源建设是公共图书馆资源建设的重要任务，是开展特色建设和服务的重要环节。从某种意义上说，地方文献资源建设的成功与否，将会直接影响一个地区的社会和经济发展。

众所周知，地方文献兼容并蓄，既可综观千年，又可横陈百科，集古今科学文化成果之大成。上及天文，下及地理，旁及社会、人文诸事物的方方面面。在浩如烟海的地方文献中蕴藏着丰富的信息资源。古往今来，有许多重大社会变革和技术改造都得益于地方文献的开发和利用。事实证明，地方文献是某一地方人类文化发展到一定阶段的必然产物，具有很高的参考价值和实用价值。在社会迅猛发展的今天，人们对地方文献资源的需求量正在日益增加，对其采集范围要求更宽泛，对地方文献资源整合手段要求更先进，对其整合质量要求更高。

加强地方文献资源建设是公共图书馆基础建设的最主要内容之一。地方文献是一个地区的政治、经济、科学技术、文化教育和社会现状在历史长河中的真实写照。加强地方文献资源建设，对全面发展本地区社会经济、科学技术和文化教育，有针对性地制定规划和政策，推进和构建社会主义“和谐社会”具有重要的意义。

（四）地方文献馆藏现状

1. 地方志方面

地方志也称“方志”。即按一定体例，全面记载某一时期某一地域的自然、社会、政治、经济、文化等方面情况的书籍文献，如县志、府志等。地方志有自己独特的写作体例和格式，有严格的选材要求，有各种研究和参考价值，是综合反映一个地区自然与人文的历史与现状发展状况的百科式要述。公共图书馆一般会收藏本地地方志机构编纂的地方志书、综合年鉴等地情资料，还有地方统计部门编写的统计年鉴。此外，驻地的厂矿企业编写的一些专业志书，也会纳入馆藏范围。还有党史研究部门编著的本地党组织简史，地方政协文史委员会的政协文史资料等。这些资料反映了不同时期社会发展的基本概况，对制定本地合理的社会发展规划有着重要的参考价值。

2. 地方媒体及政府出版物

地方媒体主要是以纸媒为主，包括地方党委的机关报，还有面向市民的都市类报纸。在一些文化比较发达的地区，图书馆还会馆藏当地文联出版的文学艺术类的期刊。地方政府出版物包括政府、人大发布的公告、公报。本地经济和社会发展的规划、党委宣传部门和政府委、办、局发行的政策宣传和介绍本部门职能的单行本、小册子等也包括在内。此外，一些地方根据《中华人民共和国政府信息公开条例》的相关规定，将政府信息公开点设在图书馆内，这些公开的信息也可视为与政府相关的地方文献。

3. 地方人士的作品

所谓地方人士，是指对本地历史发展有影响的人物，其作品包括记述和歌咏山川风土人情的游记诗文著作，也包括集体创作的戏剧、曲艺、纪念文集等。

（五）做好地方文献工作的措施

俗话说“事在人为”“人的因素第一”，搞好地方文献工作，必须提高对地方文献工作重要性的认识，加大地方文献经费和工作的投入，使地方文献工作可持续发展。

1. 加强宣传，提高各级领导与全社会的认识

图书馆人力、物力、财力不足等诸多原因，导致图书馆的地方文献工作宣传力度不够，各级领导、社会公众缺乏地方文献意识，认识不到地方文献的重要性，这增加了地方文献搜集工作的难度。在信息时代，各级图书馆要面向社会，通过各种渠道，利用广播、电视、报纸、网络等公众媒体，加强自我宣传力度，提高各级领导及全社会的地方文献意识，让人们认识到地方文献不可替代的重要作用，自觉保护地方文献并积极参与地方文献的搜集。这样，地方文献工作才能打下坚实的社会基础。

2. 加强继续教育，培养一支素质较高的地方文献专业队伍

图书馆员是连接信息资源与读者用户的桥梁与纽带，一支高素质的图书馆工作人员队伍，是搞好地方文献研究和开发工作的保证。21 世纪的地方文献工作者必须具备三项基本素质：一是要有热爱地方文献事业的思想意识。二是具备科学合理的专业知识结构。主要包括图书情报知识和技能、史地文献知识、扎实的古汉语知识、熟练的计算机应用技能。三是要有较强的公关意识和开拓能力。对现有的工作人员要加强继续教育，通过有计划、有步骤的培训和实际锻炼等多种手段，提高上述三项基本职业素质，尽快形成一支思想素质高、业务娴熟的图书馆地方文献专业人才队伍。

3. 建立地方文献资源数据库

利用现代计算机技术编制地方文献书目、提要、全文数据库，是信息时代地方文献资源开发和建设的发展重点。通过建立标准、规范的数据库，一方面使地方文献信息资源得到充分利用，多角度、全方位满足读者的各种信息要求；另一方面，开展馆际协作，实现地方文献资源的共建共享。

四、当前公共图书馆地方文献资料收集和整理过程中存在的主要问题

（一）缺少规范的收集和整理程序

对于公共图书馆来说，地方文献的收集和整理工作大多没有统一的规划和管理，收集工作较为零散，缺乏一定的针对性和目的性。另外，从事地方文献收集和整理工作的单位不止图书馆一家，其他单位，比如政府文献研究部门、档案馆、政府的档案室以及爱好文献收集和整理的个人，都在进行地方文献的收集工作，并且这些部门和个人收集文献的效率和频率要远远高于公共图书馆，有些地方政府部门的档案馆里保存的地方文献资料的价

值和数量都要超过公共图书馆，从而使图书馆在文献的收集和整理工作中根本无法收集到有价值的文献资料。此外，还有一些文物保护部门也掌握着大量地方文献资料，因为许多文献具有一定的研究和考古价值，这些文献也是文物保护部门的重要收集对象，而这些部门之间没有工作上的往来，互相之间也不具有一定的隶属关系，从而导致文献的收集和整理工作相互独立，严重影响地方文献收集和整理的效率。

（二）缺少完善的信息化收集规范

信息技术飞速发展，利用网络技术收集和整理文献资料也是一个十分重要的途径。许多地方已经将文献资料制作成电子版并上传到相关的数据库中，公共图书馆在收集和整理文献资料的过程中，只需要对相关数据库的资料进行收集就可以完成。但是，当前公共图书馆还没有建立完善的网络文献收集和整理规范，对于大多数图书馆来说，利用信息技术搜集资料还处于完全陌生的状态，对地方文献的收集和整理更是如此。

（三）文献收集和整理具有一定的盲目性

对于公共图书馆来说，地方文献的收集和整理工作的主要目的就是方便读者使用，但是，当前许多图书馆在文献的收集和整理过程中，仅仅重视文献的收集和整理，而不注重读者的使用，使得文献的收集过程缺乏针对性，单纯地为了收集而收集。另外，公共图书馆在收集和整理文献的过程中不重视读者的文化需求，仅仅依靠图书馆员自身的喜好来收集地方文献，从而出现图书馆的地方文献利用率过低，而又无法满足读者需求的情况。

五、提高公共图书馆地方文献收集和整理工作效率的有效策略

随着社会的不断发展和经济水平的不断提升，地方文献资料变得越来越庞杂，数量庞大的地方文献也给文献收集和整理工作带来巨大的挑战。公共图书馆要想收集全部文献资料显然是不现实的，因此，公共图书馆应该对地方文献收集工作进行科学合理的规划和设计。在具体的收集和整理工作中，应该充分发挥机构间合作的优势，摒弃各自为政的工作状态，有效统筹各个文献收集部门，突出每个工作部门的工作特色，利用各自的工作优势，对收集到的地方文献资料进行有效的整合，从而实现资源的共享。除此之外，公共图书馆还可以通过建设区域中心馆的形式来提高收集和整理工作的效率，明确各中心馆的收集范围，使收集和整理工作目标变得更加明确，进而形成科学完善的收藏体系。采用这种方式，既可以保证地方文献的收集和整理质量，也可以有效地避免资源的浪费。

第二节　公共图书馆服务功能的转变和拓展

随着信息技术的不断发展，各种电子资料以及资源共享技术不断更新，公共图书馆也有了很大的技术革新。例如有了更加先进的管理系统、二维码扫描系统等等，随着计算机

网络技术的逐步更新，公共图书馆的基本配备以及服务功能都被赋予了新的要求。

一、公共图书馆服务功能需要转变与拓展的原因

（一）需要转变与其自身的功能有关

公共图书馆，从本质上来讲是由公共财产生产出来的一个产品，属于政府、商界、工人、学生、艺术等各个领域，就是社会共有的“公器”，伴随着改革开放的脚步，中国人民对知识的渴求加大，思想更加开明，政府对公共图书馆的投入也越来越大，公共图书馆的数量越来越多，吸引到的市民访客逐年增加。很多人都表示，去图书馆已经成了日常生活休闲中必不可少的一个项目。在这样访客越来越多的情况下，作为为社会文化做公共服务的图书馆，除了提供更加明快舒适的阅读环境之外，更要不断创新服务模式，提升服务能力，因地制宜，更好地为所有来访的民众服务。

（二）为了建设社会主义文化强国做出的现实转变

随着新世纪的到来，文化作为民族凝聚力的重要源泉越来越受重视，文化是承载和传播民族精神的载体和形式，只有把文化做大做强，才能使中华民族几千年来的文明成果广为传播并深入人心。国家统筹推进“五位一体”总体布局包括政治建设、经济建设、文化建设、社会建设、生态建设。其中，文化建设包括很多方面，因为现如今文化被赋予了多种形态，图书馆的兴建与发展则是传承这些优良文化必不可少的环节，随着时代的发展，对图书馆的进一步改进和优化成为一项迫在眉睫的工程。

（三）为了适应现代化信息传播技术的发展和普及

随着现代化信息传播技术的发展和普及，社会文化公共设施在功能上也得到了进步。公共图书馆集文化与休闲功能为一体，其功能不再仅仅围绕借阅书报展开。因此公共图书馆应不断提升其综合性功能，不再只是单一地提供大家查阅信息和资料，而是给广大市民提供越来越多创新性服务，使他们比起待在家中，更乐意去图书馆，这是图书馆的发展过程中必须考虑到的一个问题。

二、如何转变与拓展公共图书馆的服务功能

（一）坚持做好图书馆基础服务工作

图书馆的核心任务是管理书籍，不能在拓展的时候忽略了最基础的硬件措施，因此在做任何转变之前首先要检查自身的基础服务是否到位。必须检查图书馆的借出和馆藏的匹配度，在馆藏与借出数量无法兼顾时，图书馆的访问工作应该要坚持借出为大的原则。这样才能更好地利用公共图书馆的馆藏文献，以便扩大公共图书馆的利用范围以及频率。一个图书馆必须要有图书馆空间的三维展示：图书在图书馆的空间分布信息、图书馆的空间属性信息以及各种统计信息等。此外还要有信息采集系统：用于采集和录入图书的各种管

理信息，如出入库、借阅等信息。最后还要有信息存储系统：主要应用数据库系统进行各种信息的存取。

（二）以为地方经济文化建设服务为宗旨

为了提高地方性的文化建设，各地都争相开始重视本区域的公共图书馆的建设。科技给人们带来便捷的同时，也给公共图书馆内部结构的建设带来了新的转变要求。为此，应当逐步转变图书馆发展理念，让图书馆成为市民查阅文献资料、获得新的知识、休息放松心情的城市公共设施，为地方经济文化建设贡献自己的力量。

（三）为科研教学提供特色服务

科技是第一生产力，而人才则是第一资源。随着国家对高素质人才需求的增加，作为公共图书馆的广大潜在用户，高校的师生应该成为公共图书馆的重点服务对象。图书馆是一个面向大众的巨型资料库，而知识分子、科研人员的使用频率比普通读者的高得多。倘若公共图书馆能开拓一个专属的教学科研资料库，为他们建立科学的信息查询系统，根据需要引进多领域的数据库，则不仅能为知识分子以及科研人员提供不少便利，同时也能为国家的人才培养做出一番贡献。

（四）拓展图书馆社会服务功能

为了进一步提高公共图书馆的综合性能，在自身硬件设施完成之后，再根据现代化服务建设需要，将图书馆中的馆藏文献和基本的录入借出管理系统、电子点位信息系统综合利用起来，在图书馆周边扩建几项社会服务。这样不仅为当地市民提供更多的社会化服务，同时也能将图书馆资源进行充分利用。综上所述，随着时代的进步，公共图书馆也应该向服务大众的方向改进，提供除了借阅书籍以外的便利活动。服务社会已经成为公共图书馆不断改进所遵循的宗旨，本着这一宗旨，公共图书馆一定会越来越被大众欢迎与喜爱。

三、公共图书馆服务功能转变与拓展的必然性

（一）本质属性的具体体现

图书馆特别是公共图书馆，从本质上来讲，是由公共财政投资、建设、运营的公共产品，属于典型的社会共有的“公器”。改革开放以来，尤其是近年来随着各级党委政府对文化事业重视程度的不断增强，公共图书馆财政投入逐年加大，图书馆的数量不断增多，规模持续扩大，基础设施条件日益改善。图书馆丰富多彩的藏书、舒适高雅的氛围、清新宁静的环境吸引了越来越多的人，去图书馆已成为人们生活中越来越重要的内容。在这种形式下，各级各类公共图书馆作为社会公益文化事业单位，理应立足自身实际，因地制宜，科学规划，通过优化业务流程、深化服务内涵、拓展服务空间、创新服务模式，不断提升服务能力，更好地为社会大众服务。

（二）适应社会主义文化强国建设的现实需要

文化越来越成为民族凝聚力和创造力的重要源泉、越来越成为综合国力竞争的重要因素，面对当今世界各种思想文化相互冲击的大潮，面对国家发展和人民生活改善对文化发展的要求，面对社会文化生活多样活跃的态势，党的十八大提出了建设社会主义文化强国的目标，并明确指出："文化实力和竞争力是国家富强、民族振兴的重要标志。要坚持把社会效益放在首位、社会效益和经济效益相统一，推动文化事业全面繁荣、文化产业快速发展。"公共图书馆向个人和团体提供获得广泛多样的知识、思想和见解的途径，为社会的发展起重要的作用。因此，发挥自身优势，不断转变和拓展服务功能，是公共图书馆为树立高度文化自觉和文化自信，促进社会主义文化强国建设而应承担的义不容辞的职责和任务。

（三）满足人民群众不断增长的精神文化生活的需求

进入 21 世纪，人类的工作方式和生活方式都发生了深刻变化，其中突出的是工作、劳动时间逐渐缩短。随着我国经济的发展，人们的物质生活水平不断提高，我国双休日的实施和法定假日不断增多，为人们丰富自身的文化生活、发展自己的兴趣爱好提供了可能，学习、休闲、娱乐成为人们生活的组成部分。在人们文化生活需求趋于多元化的同时，一个集增长知识、陶冶情操为一体的学习场所，一个既温馨亲切而又可自我休闲的地方越来越成为人们的迫切需求。怎样利用自身优势，提升服务功能，在文化休闲活动中发挥应有的作用，满足人们不断增长的精神文化生活需求，提高人们的生活质量，维护和保障人们的基本文化权利，是公共图书馆应尽的历史使命。

（四）适应现代信息技术发展的必然趋势

一方面，随着计算机网络技术的发展普及，城市公共文化设施资源得到整合，公共图书馆的功能不断拓展和延伸，越来越多地被赋予了综合性的文化功能，使图书馆逐渐成为城市的文化中心。另一方面，网络的普及，特别是数字图书馆建设的迅猛发展，人们足不出户也可以通过网络查询所需信息及获得图书馆的文献资料，城市图书馆读者的数量呈逐年下降趋势，这也给图书馆功能的转变与拓展提出了新的要求。开发图书馆文化休闲功能，让人们到图书馆不再是单纯地获取信息和知识，而更多是追求一种舒适安宁的文化氛围，感受书卷气息、缓解心理压力，是公共图书馆发展的必然趋势。

四、公共图书馆服务功能转变与拓展的基本途径

（一）降低门槛，最大限度地满足读者需求

贴近市民，重视并满足读者的文化需求和娱乐需求是公共图书馆转变和拓展服务功能的基本指导思想。在硬件建设上，公共图书馆除在提供宽敞明亮、温馨舒适的阅览环境外，还应提供宽大的展示厅、报告厅，不同规格的学术会议室、个人及团体研究室等，还可以

兴建多功能演讲厅，小剧场，音乐欣赏室，电影、录像放映室，多媒体视听室，钢琴房等，使公共图书馆变得更加平易近人。在软件建设上，要想方设法聚集人气，积极营造读书氛围。如通过开展读者交流会、举办有奖知识竞答活动、开设“趣味阅读”讲座、举办展览等活动，最大限度地吸引读者。要坚持从细微处着眼，开展人性化服务，定期对读者进行问卷调查，倾听读者意见，有针对性地做好工作。及时调整充实馆藏书目和阅览室订购的报纸杂志，注意兼顾趣味性和学术性，添置部分刊物以吸引年轻人的眼球。优化业务流程，努力形成更加规范有序的运行机制，取消折旧费、注册费等，推行全面免费服务，最大限度地满足读者需求。

（二）拓宽空间，增强公共服务辐射能力

进一步拓宽服务空间，扩展服务范围，利用多种载体，把公共图书馆服务的触角向政府、企业、社区和农村延伸，增强辐射能力，是转变和拓展图书馆服务功能的重要内容。深入推广全国文化信息资源共享工程，基本覆盖农村、城市社区和学校。国家图书馆、省级图书馆和市县图书馆等组建馆际互借网络；农村和小城镇图书馆加入市级公共图书馆联盟，实现文献、数字、讲座、技术等资源共享，通借通还。积极创建社区示范阅览室、流动图书馆和图书流通点，建成开放的社区图书馆室，每个阅览室要有藏书、报纸和期刊，大型社区和中心社区图书馆藏书量要达到一定规模。大力开展“图书进校园活动”，特别要深入基层学校、乡村学校、民工子弟学校等，开展现场咨询、图书知识普及、图书赠送及有奖问答等活动，努力将服务延伸到校园，服务师生。

第三节　公共数字图书馆移动服务体系规划与构建

公共数字图书馆是网络环境下图书馆的必然发展形态，是利用现代信息技术，对海量、异构、分散的数字资源进行整合，形成有序的整体，并利用多种媒介为用户提供友好、高效的服务，使人们可以随时随地获取信息和知识。

2011 年，文化部（现文化和旅游部）、财政部联合下发文件，在全国范围推出数字图书馆推广工程。这意味着数字图书馆建设工作将在全国范围内全面铺开，各级公共图书馆开展数字图书馆建设将得到政策和资金的支持。数字图书馆推广工程的目的是通过建设互联互通的数字图书馆系统平台和分布式资源库群，借助全媒体提供数字文化服务，整体提升我国各级图书馆的服务能力和服务水平，形成覆盖全国的数字图书馆服务体系。

在此背景下，海量的数字资源成为公共图书馆一个重要的组成部分。

一、公共数字图书馆建设中存在的问题

（一）公共数字图书馆资源欠缺、服务滞后

1. 资源建设方面

在资源建设方面，商业数字资源占有公共数字图书馆资源总量的较高份额，公共数字图书馆自建资源欠缺且建设质量不高。

由于受到数据商的限制，大多数公共数字图书馆购买的商业数字资源基本相同，重复购买现象十分普遍。自建数字资源多以地方特色为主，但基本都限制在馆内局域网内使用，且建库质量和标准并不统一。而且各数字图书馆数据库的发布平台也缺乏开放性和互联性，导致数字资源建设出现专业化程度不高、利用率低、高水平数据库少、内容结构不合理等状况。

此外，目前各公共数字图书馆的资源大部分来自商业数据库，同方知网、维普资讯、万方数据、龙源期刊占据了全国中文电子期刊市场的大份额；超星、方正阿帕比、书生、中文在线四大电子书出版商也占据了全国中文电子书市场 90% 以上的份额。这种高度集成化的海量数字资源使得公共数字图书馆在数字文献来源方面对出版厂商的依赖大大增加。公共数字图书馆的文献信息服务也更多地受到出版商的影响和制约，最常见的是在数字资源访问上受到流量、并发数和 IP 限制。

2. 服务方面

在服务方面，公共数字图书馆服务滞后。数字图书馆是海量数字资源的仓库，资源类型不同、来源不同、数据库异构等问题，使得各类资源难以统一展现给用户。为用户提供的资源检索服务往往需要通过多个平台入口才得以实现。此外，导航系统不完善，个性化服务、主动服务和推送服务的不深入等也为普通用户的使用增加了难度。

（二）公共数字图书馆资源使用率低

公共数字图书馆数字资源利用率不高也大大制约了公共数字图书馆建设的步伐。目前各公共数字图书馆除购买商业数据库以外，自建资源多以地方特色数据库为主，内容和形式不够丰富，适合大众阅读的综合性数字资源相对较少，是导致数字资源利用率不高的重要原因。公共数字图书馆普遍采用基于馆内（含成员馆）局域网的数字文献服务模式和馆外持借书证登录的数字文献服务模式，这使得大量的数字化文献资源的利用只能通过馆内局域网，或某一公共图书馆的有效读者。无形中增加了读者的使用成本（特别是时间成本），极大地抵消了数字化文献资源所具有的高效、快捷的优势，迫使相当一部分读者放弃利用数字图书馆丰富的数字化馆藏，转而从互联网上寻求替代性资源。此外，公共数字图书馆缺乏宣传，导致很多人不知道它的存在因而没有使用。

（三）公共数字图书馆之间缺乏整体协调与共建共享

近年来各区域数字图书馆建设如火如荼，但各数字图书馆建设过程中缺乏统一标准、规范，且由于区域间图书馆分属部门不同，导致各馆之间处于分割建设状态，无法互联互访。此外，公共图书馆、高校图书馆和行业图书馆之间也各自为政缺乏协调，无法形成数字资源的整体优势，数字资源被困在围墙之内，没能真正实现共建共享。

（四）基于新媒体的公共文化服务形态尚未实现

新媒体服务在我国公共数字图书馆中处于起步阶段，例如：在数字电视服务方面，国家图书馆与北京歌华有线合作推出数字电视服务。在移动数字图书馆建设方面，国内大多数开展的服务仍然只有 SMS。即使开展 WAP 服务的也主要是常规服务，即馆藏目录检索、读者借阅信息查询等内容，包括国家图书馆的“掌上国图”，也只实现了特色资源检索服务。

（五）公共数字图书馆未能充分利用网络的便利性

在我国，互联网上公众想要获取信息资源，查阅资料，大多数人都选择直接使用搜索引擎进行搜索，相对这些成熟的网站来说，数字图书馆虽然拥有丰富的数字资源，但是在公众意识里尚未形成统一的认识，且门户网站上复杂的身份认证系统、没有方便快捷的检索通道等都是导致用户流失的原因。

二、数字图书馆移动服务体系建立所面临的机遇

现代社会信息的获取渠道、传播模式已经发生了巨大的变化，社会化的信息服务模式使得图书馆不再是唯一的信息中转站。为加快公共图书馆的转型，提升公共文化服务对社会的影响力，加大优质资源和民族精神在群众中的传播，文化和旅游部、财政部在全国实施公共数字图书馆推广工程，推广公共数字图书馆软硬件平台建设方面的成果，搭建标准化和开放性的公共数字图书馆系统，从而全面提升各级公共图书馆的文献保障水平和信息服务能力，使公共数字图书馆在提高全民族文明素质、推动经济社会发展中发挥应有的作用。手机、数字电视等新媒体作为新兴信息服务工具，已经纳入全国公共数字图书馆的体系建设之中，以手机为代表的移动服务成为公共数字图书馆服务的一部分。移动服务打破现有信息服务的格局，使公共数字图书馆服务的覆盖范围不断扩大，特别对因信息不畅而导致经济不发达的老、少、边、穷地区的发展，将产生巨大的推动作用。数字图书馆移动服务体系建立面临着前所未有的机遇。

（一）飞速拓宽的数据传输通道

目前，移动通信宽带化的趋势非常明确，宽带发展非常迅速，为图书馆通过移动通信网络向读者提供多媒体信息服务提供了广阔的发展空间。通信网络占主导位置的为 4G 网络和 5G 网络，可以进行文字、图片及视频的传输，而正在部署的第五代移动通信网络，不仅可以随时随地通信，更可以双向传输资料、图画、影像的高质量数据。

（二）智能化的移动终端

移动终端已经不是传统意义上的只完成单项任务的工具，如通话的手机、阅读的电子书阅读器等，终端是手机和电脑的一个高度的结合体，更加智能化。移动终端已经具有独立的 CPU、可随时扩充的容量、独特的操作方式（多点触控、语音服务、随时定位）、稳定的操作系统和应用环境，实现与电视机、打印机等的无线连接。移动终端在发展过程中，已经演变为随身的信息服务平台，可以通过多种形式与电视、互联网等信息通道进行实时沟通，加上良好的操控性，使得其成为构建个性化个人信息中心的首选工具。

三、数字图书馆移动服务体系建立面对的挑战

（一）复杂的网络环境

移动服务网络复杂多样，数据传输的标准不尽相同，为移动资源的制作和传输带来挑战。移动服务网络有卫星通信网络、Wi-Fi 网络、各运营商分管的移动通信网络、蓝牙传输等。

（二）移动终端的多样性

近些年移动终端飞速发展，从只能完成语音通讯的工具到成为放进兜里的电脑。移动终端包括普通手机、智能手机、平板电脑、PDA 等多种类型，如今基本只剩普通手机、智能手机和平板电脑，手机的操作系统也基本统一为 iOS 和 Android 两种，为面向大众的移动应用开发带来一线曙光。可即便如此，不同手机生产商在屏幕分辨率、硬件配置、系统应用等多个方面仍存在很大差异，因此，在移动服务开展过程中不得不考虑多种类型的手机适配、体验效果等因素。

（三）用户需求多元化

用户自身因素是影响其信息需求的主要因素，其中用户学历是影响用户信息需求的一个重要影响因素。而中国互联网络信息中心对手机网民学历结构的调查显示，手机用户呈现低学历用户结构特点。同时手机用户对基于手机的移动搜索、新闻、网络文学等使用更加活跃，手机用户结构特征及手机应用类型，影响了他们对信息获取的诉求，进而势必影响公共图书馆资源、服务的构成和配比。因此，如何以海量资源为基础提供个性化服务，满足不同用户群体的需求，影响着移动服务建设和服务生命周期。

面对移动互联时代的机遇和挑战，国内外图书馆已经积极开展基于移动终端的服务，短信、WAP 等形式被不断应用于图书馆服务中，但因理念、技术等因素的影响，公共图书馆移动服务还未体系化。

第三章　公共图书馆在阅读推广活动中的问题与对策

第一节　公共图书馆在阅读推广活动中存在的问题

公共图书馆在积极开展阅读推广活动，为全面带动全民阅读，推动基础性阅读方式建立和阅读习惯养成不懈努力着，但目前，公共图书馆乃至全社会的阅读推广活动仍普遍存在一些问题，主要表现在：未形成全民阅读机制，没有建立全民阅读组织领导机构，在组织上缺乏指导机制和保障机制；经费的缺乏，制约了推广活动发展的广度和深度；全民阅读氛围不够浓厚；对阅读推广人培养不够，缺乏推广活动组织人才，无法开展高层次的阅读推广，缺乏大型阅读推广品牌，很难激发读者的参与热情；推广活动尚未制订整体规划，缺乏有效的指导机制和长效的推广机制；活动缺乏创新，影响力不够；宣传策略缺乏创新，社会各界参与度不够，呈现出应景性和短期性倾向；活动内容比较单一，缺乏特色活动，品牌建设亟待加强，公共图书馆数量及馆藏资源匮乏；图书会、全民阅读会等缺乏专业的图书馆员的专业指导。组织全民参与、培养阅读习惯是推动全民阅读的工作重点和难点，公共图书馆在阅读推广中要以各种手段激发用户阅读兴趣。这些问题在一定程度上影响了全民阅读推广活动向更深、更广、更规范有效的方向发展。

一、公共图书馆发展不完善，建设不均衡

目前，我国公共图书馆的藏书量、数字化程度参差不齐，而且发展也不平衡，导致无法满足广大读者的需求。具体来说，公共图书馆主要包括一级（省级）、二级（市级）、三级（县级）公共图书馆，而规模最大的是一级公共图书馆，二级公共图书馆和三级公共图书馆的规模相对较小，藏书量也比一级公共图书馆少。一级公共图书馆计算机设备、存储柜设备等都比较先进，桌椅等配套设施数量较多。而二级和三级图书馆由于占地面积有限，阅读基础设施薄弱、条件落后、空间狭小、设备数量远远不及省级图书馆。书籍管理也存在一定的问题，有些优秀的文献书籍难以被读者查阅，造成公共图书馆应用功能的缺失，难以满足读者的阅读需求。

公共图书馆在全民阅读风气的倡导方面具有举足轻重的作用，国内外全民阅读风气佳的城市，都有丰富的全民阅读资源及方便的全民阅读场所，其公共图书馆数量及馆藏资源一定充足。然而，地方政府对公共图书馆的建设重视程度严重不足，各省市的图书馆建设，大部分未有全盘的规划及整体政策，没有足够的图书馆设施、缺乏专业人员提供专业服务、不重视馆藏资料充实。图书馆无馆藏发展计划，未能逐年充实各种类型及各种主题数据，馆藏内容以休闲性居多，馆藏质量不能满足民众全民阅读需求及学习、工作精进和自我成长需求。

现在人们都追求简单快捷的生活，公共图书馆也要满足这种需求，尽可能简化一切程序，为读者阅读提供方便。目前公共图书馆存在如下几个方面的问题：首先，没有简化借书程序、延长图书馆开放时间。其次，现在除了工作、学习，只有到晚上才有时间去图书馆借阅书籍。所以要提供自主查询设备，方便读者快速找到所要书籍的准确位置，以节省时间。最后，要对每一位图书管理员严格要求，必须对所负责的馆藏图书的分类和大致位置充分了解，要主动为读者提供服务，帮助寻找。公共图书馆方便快捷的借阅条件可以更加有力地推动全民阅读。

二、馆员专业性有待加强，服务水平有待提高

图书馆的活动宣传一般使用固定媒体渠道比如报纸、网站、微博、微信公众号及图书馆内的电子屏幕，这都是公共单位常用的媒体宣传渠道。但是这些渠道都有一定的局限性：报纸本身的发行阅读量日渐减少，大多数人不再阅读报纸；官方网站和微信公众号开设的服务内容虽然很全面，几乎涉及目前图书馆开设的全部服务活动，但是读者使用和关注的仍然是自己熟知的部分服务功能，而使用数字图书馆、全民阅读平台功能的人却不多；虽然开设有 24 小时自助服务，但目前能满足的功能非常有限。而且这些宣传的途径令读者处于必须主动去了解的状态，不能常去图书馆或者不能使用网络服务的读者是没有办法获得更多的活动信息的，而读者恰恰是以中学生和老年人为主，本身无法便利地使用网络功能，这就使得阅读服务的宣传效果大幅缩减，自然会造成很多读者无法了解活动信息的结果。

国外图书馆非常重视说故事、读书会、全民阅读指导等活动，坚持一定要由专业的图书馆员负责，从选择适合的图书数据、为不同的对象设计不同的阅读活动，到实际执行，都是由专业的馆员去做。反观国内公共图书馆在这类活动的执行上都交给毫无图书管理经验的志愿者，志愿者只接受过简单的训练，对于如何在活动中为不同对象挑选适合的读物、如何导读和为不同程度、兴趣甚至有阅读障碍的民众选择适合的读物等方面的能力不足。人员的专业性是影响活动效果的一个重要因素。很多馆员和领导都不是图书馆学专业出身，大多都缺乏图书馆专业的学科知识背景，加之传统图书馆服务以图书借还为主，很多人对专业素养不够重视，这导致在开展阅读服务活动的时候，不能准确地从图书馆服务

整体的生态结构出发，宏观地构建服务体系和内容，这些都影响了阅读服务活动的开展。

特殊群体和残障人士作为社会弱势群体，是全社会要关注的对象，公共图书馆也应该格外注重这类人群的阅读需求。目前公共图书馆没有营造良好的阅读环境，提供专人、专业的服务方式和帮助。如为失聪人士配备手语老师，讲解书中内容；为视障人士配备智能阅读器或建立盲文阅读室或有声读物阅读室等；为行走不便的残疾人提供轮椅、推送员，开设专门残疾人便捷通道等。在特殊群体和残障人士获取信息方面，公共图书馆应消除障碍，为他们创造良好的阅读条件。

三、过度迎合读者需求，书籍质量待提升

读者偏爱的图书馆个性化阅读服务和图书馆长期举办的阅读活动中，最受欢迎的是电影放映，读者对活动内容和形式的需求是同样注重的，但是目前图书馆的很多活动似乎陷入了一种重视活动形式而忽视内容质量的氛围中，在举办活动时关注点大多都在参与者的数量、活动的规模、媒体的关注度上面，虽然想让读者关注就必须有一个好的平台，但是这实际上是跟公共图书馆“以读者为本”的服务宗旨相违背的。图书馆经常会举办展演活动，报告厅内载歌载舞，媒体也给予很高的评价和关注，但这却使很多需要安静阅读的读者苦不堪言，非常抵触这样的活动形式，反而对再度开展类似活动不利。而参与这些活动的读者也仅关注表演本身，对于活动本身的内容和意义反而不是很感兴趣，活动结束了，很多读者可能也就忘了活动的目的，没有达到实际的效果。

同时，为了吸引读者，图书馆会根据读者的需要开展一些服务项目，但其中一些服务并不是为了更好地引导读者形成长期、良好的阅读习惯和行为而开展的，比如图书到期短信提醒服务。开馆初期很多图书馆开展此项服务是出于便利读者的目的，但是技术条件的限制，导致短信提醒时常出现偏差，造成许多严重的纠纷，而短信提醒的存在也使得读者不再主动关注借阅信息，过分依赖提醒，久而久之，对图书馆的各项服务都形成了过度依赖，要求图书馆能够提供全方位、无微不至的服务，对图书馆的工作性质也产生了误解。这对以后的工作都造成了很不利的影响，所以图书馆需要满足读者的需求，但也要量力而行，不能过度迎合，这对引导读者养成良好的阅读习惯有害无益，也违背了公共图书馆服务大众的初衷。

社会大众重视功能性阅读，为了投资理财，全民阅读财经企管书籍；为了个人健康，全民阅读养生保健书籍；为了满足口腹之欲，全民阅读美食书籍；为了子女教养，全民阅读亲子关系及儿童教育相关书籍。学生家长更是重视功能性全民阅读，对学习考试有帮助的全民阅读，如何让孩子得高分的全民阅读，家长举双手赞成，但对休闲全民阅读则不鼓励，一切以升学为重。民众在休闲生活中，选择单纯享受阅读乐趣的情况较为少见。另外，近年来，绘本图书大量发行，大人小孩都爱读绘本，学校、公共图书馆、小区举办非常多绘本故事、绘本导读、绘本讲座活动。然而大量读绘本导致很多儿童停留在读图多字少读

物的阶段，遇到文字量较大的书，便不愿意阅读，或是出现阅读障碍，影响了其阅读理解力的增进。

四、活动缺少固定机制，形式缺乏创新

目前公共图书馆开展的阅读服务和活动基本上形式接近，没有太多的创新，一部分原因是很多图书馆在创设活动方面没有太多的经验，也没有特别高素质的图书馆人才去创新。这就导致了很多公共图书馆复制其他图书馆阅读推广活动的模式，活动内容和形式也基本上差不多，阅读推广活动就局限在这些形式里面，很难得到改变和创新；另一方面是由于经费、人力的限制，无法开展太过复杂和多样的服务。

公共图书馆经费紧张是常有情况，虽然经费问题会在很大程度上影响图书馆举办活动、开展服务的进度和形式，但是单纯依赖经费投入，并不能从根本上解决读者参与度不高的问题。活动形式单一，时间久了就很难调动起读者的积极性与兴趣，降低读者的参与热情，自然会直接导致公共图书馆阅读服务效果不佳，久而久之不仅浪费了图书馆的人力物力，对图书馆以及本地区的公共文化发展也是一种损失。

五、家庭阅读推广活动存在诸多问题

（一）活动缺乏系统性、长效性

一方面，目前，业界对于“阅读推广”“图书馆阅读推广”“公共图书馆家庭阅读推广”尚无标准的学术定义，缺乏成熟的理论指导，公共图书馆家庭阅读推广与图书馆的其他活动，比如图书馆书目推荐、图书馆营销、图书馆宣传、图书馆展览等活动盘根错节、边界混淆。另一方面，我国对“全民阅读”工作进行了立法推进和实践指导，成立的中图学会阅读推广委员会图书馆与家庭阅读专业委员会也将致力于家庭阅读推广工作的专业研究与计划，但当前业界仍缺乏较为系统、明确、具体的家庭阅读推广计划。现阶段公共图书馆家庭阅读推广活动总体较为盲目、杂乱，尚未步入有序、长效、可持续发展的科学发展轨道。

（二）推广目标角色缺位

公共图书馆家庭阅读推广的主要推广目标是以家庭为单位的家庭成员。然而，现实社会中，由于文化传承的流失，传统家庭书香氛围在很多家庭难寻，家庭阅读不被重视，家庭阅读意愿普遍不足。部分家庭阅读理念狭隘，阅读功利心强，阅读的出发点大多是教育功能，期望通过阅读迅速提高学习成绩、获取功名等，并非为了个人的兴趣和习惯而阅读。与此同时，科技飞速发展，新的信息技术和产品层出不穷，信息的来源和获取方式繁多，人们对书籍的阅读需求减弱，家庭藏书量有不断减少之势，家庭阅读氛围随之减弱。上述家庭阅读的种种现状导致家庭阅读推广的目标角色缺位。

（三）推广对象覆盖面窄

现阶段，谈到家庭阅读推广，其对象大多数是儿童，且常常是4～12岁的儿童，对0～4岁的低幼段儿童、12岁以上青少年以及成年人的关注都较少，家庭阅读推广对象覆盖面较窄。实际上，无论是一般阅读推广还是家庭阅读推广，其根本目的应是“全民阅读”，即面向对象应该是全体社会成员。无论是低幼段儿童的早期阅读，还是青少年、成年人、老年人的阅读都是重要的。但当前家庭阅读推广对此关注不够，这也意味着公共图书馆在家庭阅读推广需求方面的挖掘尚有空间。

（四）缺乏核心阅读推广团队

当前，公共图书馆家庭阅读推广活动多是与社会力量合作开展的，公共图书馆主要提供场地、平台，活动的具体实施大多由图书馆员辅助志愿者或合作机构完成。在此过程中，图书馆员常做些场务性工作，多为辅助性角色；而志愿者和合作机构不太稳定，常常难以长久坚持纯公益性工作，在工作一段时间后，大部分会独立出去，走向盈利，合作机构尤其如此。专业人员的知识结构不均，图书馆学专业人才较为缺乏，是公共图书馆目前存在的主要问题之一。总之，公共图书馆尚缺乏核心阅读推广团队，比如具备家庭阅读推广专业基础的图书馆员以及能够长期坚持做公益的家庭阅读推广志愿者群体等。

第二节　公共图书馆开展阅读推广活动的策略和建议

一、公共图书馆阅读推广的策略

公共图书馆目前的阅读推广整体水平不高，阅读推广效果也亟待增强。需要顺应时代的发展趋势，利用合适的技术，根据受众需求合理配置资源，优化推广内容和推广策略，不断积累受众群体。

（一）线上线下相结合的推广策略

随着移动互联网的发展，图书馆在开展传统现场活动吸引读者的基础上，也日益重视利用各种线上平台进行读者互动和活动等。相比而言，现场活动情境感强但便利度较低，线上活动便利度高但情境感较差。要想达到好的活动效果，就要充分利用线上、线下两种渠道，将物理空间推广和虚拟空间推广有机结合，提升活动的广度与深度。深圳图书馆微平台近年来采用线上线下相结合的形式，开展了多场次多类型的读者活动，收到了良好的活动效果。如线下采访读者，线上制作“微访谈”视频；线上利用手机摄影软件“足记”征集照片，线下打造“光影深图”读者摄影展，都获得了读者的一致好评。

（二）游戏式的趣味性推广策略

移动互联网时代，新媒体运营的核心就是如何让用户感受到“趣味”，阅读推广更是如此。阅读推广是否成功，很大程度上取决于是否有趣。游戏式推广因其强大的趣味性优势，创新了图书馆阅读推广方式，成为图书馆界的一股鲜活力量。游戏式推广通过有趣的、个性化的互动设计，既能引起读者的兴趣，又能把图书馆的阅读推广信息推送给读者，收到极好的效果。例如清华大学图书馆推出的“排架也疯狂”游戏，重庆大学图书馆推出的“我的任务”游戏，深圳图书馆开展的“页底藏花，书中有宝”有奖寻宝活动，温州市图书馆开展的“图书馆奇妙夜”，都以游戏的方式，吸引了大量读者关注和参与，达到了“有趣”同时“润物细无声”地推广阅读的效果。

（三）基于大数据分析的精准推广策略

传统的图书馆阅读推广都是基于图书馆业务角度，一对多地主观推送自认为合适的内容，加上互动性不足，久而久之，容易造成用户的流失。随着大数据技术的应用，为图书馆阅读精准推广带来可能。首先，以用户为中心，利用大数据技术收集用户的个人信息、浏览历史、服务需求、服务评价等一系列海量数据，通过数据挖掘，实现读者与图书馆资源的精确匹配，在此基础上实现资源与服务的个性化推送。其次，实时发布图书馆服务大数据，包括当前读者流量、资源使用量、服务量等。通过位置识别，智能推送附近图书馆和各类可利用的图书馆服务点。再次，将图书馆服务数据和读者个人数据以账单形式发布，鼓励读者晒阅读账单。例如深圳图书馆推出了图书馆年度账单和读者个人年度阅读账单。通过晒账单，向公众展示了图书馆上一年度的服务情况，宣传和推广了图书馆的资源与服务，增加图书馆的社会影响力。同时通过记录见证读者在阅读和利用图书馆方面的情况，激励读者更多地使用图书馆资源和服务，增加读者对图书馆的归属感和眷念感，是一种很好的阅读推广方式。

（四）社会化合作推广策略

移动互联网时代是寻求跨界合作的绝佳时期，阅读推广也不能闭门造车。图书馆通过与社会各行业合作，共享彼此资源，搭建新的服务平台，开发新的服务功能，开展新的合作推广，既能有效降低成本、实现双赢，又能促进图书馆的转型升级，扩大图书馆的阅读推广影响力。图书馆行业联盟一直以来都在为全民阅读推广和图书馆均衡发展努力。图书馆开展阅读推广，应该寻求的就是行业内的合作，通过增强图书馆之间的交流与合作，实现跨区域的阅读推广活动协同。中国图书馆学会阅读推广委员发动全国各城市图书馆共同开展的数字阅读推广活动“扫码看书，百城共读”，就是多馆合作开展阅读推广的典范。图书馆也可以通过和出版社、数据库商等传统供应商合作，从资源生产链上实现对阅读推广内容的一站式服务。图书馆还可以与豆瓣、当当等各类阅读新媒体或机构合作，开展联动营销等各类阅读推广合作项目。

为加快移动互联网时代图书馆转型升级，越来越多的图书馆开始寻求与腾讯、支付宝等移动互联网巨头合作。浙江图书馆和支付宝、腾讯大浙网签有战略合作伙伴协议。深圳图书馆与蚂蚁金服合作开发了支付宝城市服务功能，将线上业务接入支付宝城市服务。深圳图书馆与腾讯公司达成全面战略合作意向，将线上业务接入微信城市服务，并将“QQ阅读”链接到深圳图书馆微信订阅号手机阅读服务之中。

除了行业联盟和互联网机构，图书馆也可以积极寻求与其他社会机构合作，开展更多形式、更广范围的阅读推广活动。图书馆可与地铁公司合作推出面向地铁乘客的公益性阅读推广项目，将精选的电子图书二维码推送至乘客身边，营造移动书香空间。图书馆可通过新媒体平台，与学校合作开展“课后也精彩”青少年数字资源网络答题活动。

二、运用新媒体应用技术进行阅读推广

互联网时代公共图书馆阅读推广的渠道更加多元，内容更加丰富，形式更加多样。层出不穷的新技术为图书馆阅读推广提供了应用支撑和发展动力，如二维码技术、H5场景应用、多媒体技术等。积极探索这些技术在阅读推广中的应用，将极大地推进图书馆阅读推广工作的开展。

（一）二维码技术

二维码是按一定规律在平面分布的黑白相间的矩形方阵记录数据符号信息的一种条码格式，可以通过图像输入设备或光电扫描设备自动识读，实现信息自动处理。二维码功能广泛，可以用于信息获取、网站跳转、防伪溯源、优惠促销、会员管理、手机支付等领域。图书馆界目前对二维码技术的应用也比较多，主要表现在信息获取、移动支付等方面。读者可以出示手机、平板电脑等移动终端上的二维码读者证，也可以通过手机、平板电脑扫描二维码直接登录图书馆网站或系统。二维码可以作为线下用户获取线上信息或服务的最快入口，图书馆可以有针对性地整合阅读推广服务，在合适的时间、地点以二维码的方式展示出来供读者扫描以获取相关服务信息。

（二）多媒体技术

多媒体技术是对文本、声音、图像和视频等多种媒体综合处理的技术。多媒体技术使信息变得更加直观和有吸引力。移动互联网时代，多媒体技术仍然是图书馆阅读推广的中坚力量。图片处理方面，新媒体传播对图片的重视达到了很高的程度。音频技术方面，主要可以应用在听书资源和朗读类活动上，比如近年来在图书馆日益流行的朗读亭活动，受到了读者的广泛欢迎。在视频技术方面，利用微电影的方式进行阅读推广，是各大图书馆经常利用的手段，如清华大学的《爱上图书馆》系列短剧，北京大学的《天堂图书馆》微电影，都产生了极大的影响。

（三）其他技术

除了上述目前应用较为广泛的技术之外，还有很多移动互联网技术，比如动漫技术、

体感技术、虚拟现实技术、人工智能等，都在图书馆阅读推广领域有着广泛的应用前景。新媒体平台不断出现的新生态，也成为图书馆可以积极利用的新技术，比如微信小程序这一新生态的出现，再一次影响了图书馆的新媒体阅读推广。目前莆田市图书馆、安阳市图书馆等都在尝试应用微信小程序，国家图书馆的线上少儿诵读活动也开通了诵读小助手这一小程序。

技术应用方面，目前二维码技术在公共图书馆界应用得较为普及，主要被用于服务推广和活动宣传，取得了很好的推广效果。H5 场景应用主要在微信中进行，目前正是潮流所在，但存在雷同度较高，缺乏创意等不足。多媒体技术方面，图书馆较擅长传统的多媒体技术，而对新兴技术的掌握尤其是创意发挥方面需要进一步加强，如当前最流行的短视频营销，技术门槛日益降低，对创意的要求也就越来越高。

三、公共图书馆开展阅读推广活动的建议

过去，我国图书馆在全民阅读政策的制定、全民阅读风气的推动上，缺乏整体规划，没有做到积极参与。我国过去数年甚至数十年的全民阅读教学理念、内容与方式，以及学校、图书馆推动全民阅读的方式和内容仍有很大的改进空间。全民阅读习惯的养成和全民阅读能力培养应从小开始，而且除了学校教育外，小区图书馆的数量、馆藏是否充实、全民阅读活动是否专业都会对全民阅读兴趣、全民阅读习惯和全民阅读能力造成影响。未来，图书馆除持续征集、整理及典藏全国图书信息，保存文化、弘扬学术，研究、推动及辅导全国各类图书馆发展外，还要运用特色资源致力于全民阅读研究、全民阅读政策及全民阅读风气之倡导。公共图书馆参与的全民阅读活动开展要从知识共享和文化输出角度找寻突破点，从图书馆职能角度进行探索，应用信息技术构建线上服务体系，优化职能体系，调整管理模式，结合民众需求，全方位、多领域拓展服务，加快知识输出，为民众提供高质量阅读服务，进而增强公共图书馆参与的全民阅读的持续性和连贯性。

（一）强化公共图书馆设施及充实馆藏资源

全民阅读活动的开展，需要加强组织领导，完善工作机制，在政策上给予扶持，在经费上给予保障，以保证全民阅读活动的持续性、有效性和广泛性。在制度的保证及经费保障下，公共图书馆应一方面扩充馆藏，降低社会成员阅读成本，另一方面进一步深化、丰富阅读活动，并创建阅读活动品牌，为市民提供多元化阅读服务，吸引更多读者参与阅读活动。相关部门应制定公共图书馆发展及推动全民阅读政策，并修订各级公共图书馆馆舍设备、人员及馆藏标准，促使地方政府能主动依人口数量建置足够的图书馆设施，人口数量与馆藏数据相匹配，以充分供应民众全民阅读需求及个人发展的信息需求。公共图书馆的阅读场地是有限的，为了能够满足广大人民群众的阅读需求，公共图书馆不仅要建设在人口比较密集的城市，在各个县乡也应该建立市公共图书馆的分馆，图书要定期进行更新，这样即使是身处乡村的读者也能够随时阅读。

立体化阅读环境氛围的形成对于培养社会大众的阅读兴趣和阅读爱好十分重要。一般情况下，阅读环境需要图书馆、学校以及家庭的共同协作才能真正完成构建。就社会阅读环境而言，其构建的方向在于形成社会整体氛围，例如国家层面发起的“世界读书日”活动；除此以外，国家还可以考虑从立法层面指定专题化的阅读纪念日，进一步渲染阅读推广活动的社会氛围。就家庭阅读环境而言，可以围绕图书馆的亲子阅读活动，帮助家长在家庭环境中营造温馨和睦的亲子互动阅读氛围，这不仅可以促进家长和儿童的沟通交流，而且有助于培养儿童群体养成良好的阅读习惯。就学校阅读环境而言，建设的主要方向在于推动课堂阅读与课外阅读的良性互动，图书馆可以充分利用自身的馆藏资源协助学校实现课堂内外阅读资源的多维度拓展，还可以与学校共同举办形式多样的阅读推广活动，丰富学生的课外阅读内容和形式，从而达到营造公众与校园阅读氛围的目的。

公共图书馆自身要不断完善服务效能，提供方便快捷的借阅条件。现代人都追求简单快捷的生活，公共图书馆也要满足人们的这种需求，尽可能简化一切程序，为广大读者阅读提供方便。比如要简化借书程序，延长图书馆开放时间。要提供自主查询设备，方便读者快速查到所要书籍的准确位置，以节省寻找时间，对每一位图书馆员专业知识方面要严格要求，必须对所负责的馆藏图书分类及大致位置了如指掌，主动为读者提供便捷服务、帮助寻找。

在公共图书馆进行阅读推广时，馆藏资源的丰富性和趣味性起着至关重要的作用。对于读者而言，提升自身素质最有效的方法是阅读经典书籍，阅读经典书籍的过程，是重新发现和建构经典意义的过程，一般来说读者很难自觉体会到这一点，特别是大部头的经典名著。在经典阅读推广中，要想取得良好的阅读效果，图书馆就要考虑到被推广对象在兴趣爱好、认知能力、知识结构等方面的差异，要结合不同的服务对象挑选经典的类型、深浅程度以及不同版本，才能精确提升读者的阅读水平。例如，在文学名著阅读推广中，对于初中以下学生，适宜推介名著缩写本进行阅读，而对于高中及以上的则推介原著阅读。同时，也需要考虑到在不同服务空间，陈列经典版本数量的合理化情况。

公共图书馆还可以对馆藏建设中的特藏资料进行加值运用，丰富全民的阅读材料。公共图书馆典藏在丰富古籍数据数字化后，不仅便利研究者使用，也让民众更了解国家文献的价值。另外，经由授权与出版社合作，让古籍拥有新的风貌，而且改写成通俗读物或儿童读物后，增进民众对历史的认识，尤其儿童读物可与学校课程配合，制作设计教案，相信对小学推动乡土教学，让民众拥有更丰富的全民阅读资源会有较大的推动作用。

（二）实现公共图书馆资源共享和通借通还

所谓通借通还就是将为公众服务的图书馆搭建成一个服务平台，读者凭证件可在全市任意公共图书馆自由借还书籍。通借通还整合了公共图书馆馆藏资源，促进了各图书馆之间的联合，开拓了新的文献共享方式，使读者不受区域限制，体现了公共图书馆“以人为本”的服务宗旨，最大限度保障读者的阅读权利。各地图书馆要积极响应“通借通还”工作，将原本各自独立的公共图书馆，通过搭建平台，连接成全市服务网络，实现全市图书借阅服务全覆盖。

除了图书馆之间的通借通还，公共图书馆还可以依靠图书馆联盟的力量，实现联盟内部和联盟之间的合作，图书馆联盟是图书馆之间通过联合与合作，共建共享实现资源共享、互惠互利的联合体，阅读联盟的共建共享起到组织引领全民阅读的作用。成都市图书馆通过建立“全市读者总库”，将成都数字图书馆近 9 000 万篇册数字资源面向全市 21 个区（市）县读者免费开放，任何区县读者在任意图书馆注册后即可马上使用成都数字图书馆，共享成都数字图书馆乃至整个成都地区的优质文化资源。各地公共图书馆应达成区域联盟建设协同发展共识，创新资源共享新模式，推动全民阅读深入发展。公共图书馆还可以在联盟内通过联合采购，使各地公共图书馆的文献资源布局各具特色，形成互补，提高文献资源使用的整体满足率。进行资源整合，建立统一检索平台，依托各地公共图书馆地理分布，实现全民阅读的便利性和均等化，实现一站式检索馆藏信息。通过各地公共图书馆多种合作模式，发挥图书馆行业整体服务效能。

虽然公共图书馆历来是全民阅读推广活动的主体，但是在目前图书馆社会影响力不突出的情况下，仅仅依靠图书馆的力量倡导全民阅读是远远不够的，图书馆必须加强与其他社会力量的合作，借助其他机构的优势和条件，将阅读推广活动持续地开展下去。首先，要加强与政府部门的合作，取得政府在政策、资金等方面的支持；其次，应加强与学术团体的合作，获得其专业性的指导；最后，应与媒体加强沟通，充分发挥媒体信息传播的作用，将宣传工作做到位。公共图书馆不能孤军奋战，要努力加强与社会力量的紧密合作，充分利用各种社会资源推动阅读活动深入社会生活。

从文化服务效益上来看，仅凭图书馆自身的力量来实现文化服务效益的最大化并不现实。因此，应该通过公共部门、私营企业和与第三方合作来共同开展文化服务，如此才能最大限度地实现文化服务的效益。阅读推广活动应该采用这种发展模式，除了图书馆自身进行策划组织以外，还需要政府部门、书店等多个部门及行业的联合行动，从而形成有效联合、多元发展的合作模式，进行资源互补、资源共享，从而实现阅读推广活动效益的最大化。在阅读推广活动合作过程中，各合作主体要根据自己的优势特点进行精细化目标定位。比如，学校可以根据学生的知识需求来推荐合理的读物；媒体可以借助自己的渠道优势来进行多角度宣传，扩大影响力。

（三）提升图书馆员素质和服务质量

图书馆员是图书馆服务活动、全民阅读活动开展的人力基础，是图书馆职能履行和文化宣传的重要组织要素。公共图书馆全面参与到全民阅读活动中，就要以健全图书馆员的文化素质，提高图书馆员的技能水平为基础，逐渐提高服务质量。图书馆员素质的高低直接关系到全民阅读活动的推广成效。公共图书馆为了保持和民众之间的文化联系，必须针对图书馆员的素质水平建立继续教育机制，举办培训、讲座、文化活动来培养图书馆员的工作素养，促进其形成正确的职业观、道德观，以身作则，严格要求自己，服务好每一位读者，提升图书馆的阅读服务质量。

聚合知识资源推出个性服务，在信息时代，阅读是民众文化生活的兴趣，也是导向，是获取精神食粮的最佳途径。在全民阅读活动开展中，公共图书馆要转变服务理念，建立内部管理系统，深度筛选和聚集符合民众阅读兴趣的信息资源，构建个性化服务机制。图书馆要转变服务侧重点，站在民众角度考虑阅读的价值和时效性，针对民众需求打造人性化、个性化读者服务机制来提高用户体验，以此为基础拓展服务的领域和范围，全方位开展全民阅读活动。

除了培养优秀的图书馆员，公共图书馆还可以发展阅读推广人。阅读推广人是公共图书馆阅读推广的重要角色，公共图书馆要做好阅读推广工作，必须要有核心阅读推广团队。一方面，公共图书馆要引进人才、培养人才，构建能成为核心阅读推广人的馆员团队。公共图书馆要招募具备阅读推广相关专业知识的新人，注重挖掘、培养有潜力的馆员，给馆员们提供更多家庭阅读推广业务上的培训机会，提高他们的活力与张力，提升他们的专业技能，使馆员们获得专业成长，逐渐成为核心家庭阅读推广人，组建公共图书馆馆员的核心阅读推广团队。另一方面，公共图书馆也要建立核心的社会力量家庭阅读推广团队。社会力量包括志愿者、社团组织、商业机构等，公共图书馆要给他们提供平台，并用心观察、注重培养，及时发现并留下有意愿长期坚持做公益、适合留下来和图书馆做一些长远事情的“尖子”，形成一个核心的社会力量家庭阅读推广团队。此外，基于社会角度，高校及科研院所可开设阅读推广相关专业课程或设立相关理论研究专题，加强阅读推广的理论研究与人才培养。

（四）创新服务模式拓展服务路径

在知识经济时代，公共图书馆要想充分发挥自身的资源优势，全面参与到全民阅读活动服务和推广中，就要创新服务模式，拓展服务路径。服务质量的高低、服务结果的好坏深刻作用在图书馆的职能体系当中，决定着图书馆能否与民众建立文化联系，高质量地服务民众。知识经济的发展使得诸学科领域的知识信息更加复杂和多样化，民众对知识信息质量的要求也越来越高，公共图书馆为了满足民众的知识需求，要从传统视域中以实体书籍管理为核心的服务模式逐渐跳脱出来，逐渐向信息服务、知识服务方向转变，结合馆藏资源和技术优势创新服务模式，结合用户兴趣、爱好提供书籍文献，形成“管家式”用户服务模式，从而提高服务质量与效益。

例如，有的读者白天需要上班，晚上想去图书馆阅读的时候图书馆却关门了。针对这种实际问题，可以建立 24 小时开放的公共图书馆，这样能够有效解决图书馆开馆时间限制的问题，更方便读者进行自由阅读和借阅，也能够在一定程度上激发读者的阅读热情。

（五）拓展阅读推广对象

推广全民阅读是国家赋予公共图书馆的职责，要在阅读推广活动中使成年人、未成年人、阅读障碍人群享有平等的阅读权利，才能缩小区域间的文化差距，最大限度地发挥全民阅读的效力。公共图书馆应当按照平等、开放、共享的要求向社会公众提供服务，这就决定了图书馆阅读推广活动的多样性，因此阅读推广需要根据被推广对象的需求进行精准推介，以达到更好的效果。

当前，全民阅读推广对象大多为少年儿童，尤其是4～12岁的儿童，而较少面向低龄幼儿、中学生、成年人、老年人等其他人群。实际上，“其他人群”并非不重要，而是因其各自特点，阅读推广难度较大。比如，低龄幼儿尚未启蒙，行为与认知能力尚弱；中学生个性凸显，且学业应试需求强；成年人承担社会家庭双重责任，有知识需求却精力有限。虽然阅读推广难做，但这也正是推广工作能有所突破、有所作为之处。公共图书馆阅读推广特别是家庭阅读推广工作要关注不同人群，分析其个性特点和阅读需求，有针对性地开展阅读推广活动，不断发掘新的阅读推广对象，才能使阅读为更多人带来积极影响，让更多的社会成员更加爱读、多读、会读，才能使更多参与阅读的社会成员得以增进知识、提升智慧、愉悦身心、修养品行、成就事业，才能提高全民族的阅读水平，增强全民族的精神力量，促进社会的整体发展。

每个读者对知识的需求方向和渴望程度不同，因此不同的读者的阅读经验和阅读目的会有所差异。这就需要加强图书馆、读者、作者以及出版商之间的相互交流和互动，以保障阅读推广活动的效果，也有助于体现读者阅读的个性化。这些活动主体之间通过交流互动，能够彼此了解对方的需求，对于知识共享、经验共享都有极其重要的意义。同时，鼓励读者同活动其他主体进行交流，有助于提高读者的人际交往能力和沟通能力，并通过阅读获得更多的课本之外的资源。例如读者在与作者交流的过程中，如果把自己阅读后的想法及今后的需求表达出来，作者就可以通过自身的写作阅读经验的传递，来帮助读者满足阅读需求。另外，图书馆员在与其他主体进行沟通时，能够了解到不同的需求方向，有助于其在今后的阅读推广工作中提升自己的服务水平，从而实现图书馆阅读推广整体服务质量的提升。

在社会上，还存在这样一部分读者，渴望阅读，但是没有阅读的条件，其自身的阅读激情无法释放，阅读的兴趣不能实现。这时候图书馆就可以充分发挥自身的优势，向想阅读而又不能阅读的弱势群体提供一些帮助，开展帮助型的推广阅读模式。例如，对于那些视觉有障碍的读者，可以给他们提供盲文书或者是有声读物；为出行不便的读者提供送书上门服务，尽最大能力满足弱势群体的阅读愿望。为提高全民阅读率，公共图书馆应该格外重视并加强为未成年人、残疾人等弱势群体提供适合阅读条件的服务。针对未成年人各年龄段进行分阶段、分层次的阅读推介。针对残疾人的阅读需求，提供专人、专业的服务方式：一是要为残疾人设置专座，或为他们送书上门，为残疾人获取信息创造有利条件。二是要组建盲文阅览室，使盲人读者只需轻轻移动鼠标，就可享受视听资料、互联网浏览、电子信息查询等服务。三是还可以鼓励市民开展文献传递，拿出家里的旧书捐给社会上的弱势群体，为弱势群体创造更多、更便利的阅读条件。全民阅读推广是公共图书馆义不容辞的责任，一定要对所有人一视同仁，尽力帮助，实行社会效益与经济效益并重的发展方式。

（六）指导读者并培养阅读习惯

很多民众面对不断推出的新书，不知如何选书、购书。而评选及推荐好书是图书馆责无旁贷的工作，目前除了中国图书评论学会主办的“中国好书”评选活动，对于书籍并无较严谨的评选及推荐机制。未来，公共图书馆要加强对读者的指导，搭建读者与好书间的桥梁，逐步建立读者读物的评选及推荐机制。

在做好图书推荐工作的基础上，公共图书馆还需要发展全民阅读团体，学校、图书馆、公司、政府部门、小区皆可组织成立全民阅读团体，从儿童、青少年、成人到老年人皆有适合的全民阅读团体，以培养更多的读者，并促使学校图书馆、专门图书馆及公共图书馆提供更符合民众全民阅读需求的馆藏数据及读者服务。

公共图书馆的使命之一便是推广全民阅读，一个良好的社会阅读风气要从儿童阅读的推广做起。阅读激发孩子的想象力、理解力和语言表达能力，阅读能力强的孩子，学习能力也强。公共图书馆应积极开展儿童早期阅读推广，策划具有针对性的读书活动及阅读扩展活动，为未成年人营造阅读氛围，倡导家庭阅读，加大亲子阅读活动力度，举办故事会、读书会、知识竞赛、猜谜等活动，通过亲子互动，促进家长与孩子的沟通交流，营造和谐温馨的家庭氛围，让孩子从小养成良好的阅读习惯。

（七）举办丰富的阅读推广活动

推动全国全民阅读，与出版社、书店、媒体、学校、政府机构、民间团体合作，举办朗读节、读书节、经典日、小说月等全民阅读活动，提升学生全民阅读力，让全民阅读进入民众的生活，促进社会全民阅读风气形成。

虽然说现在开展全民阅读是大势所趋，但还是有一些人并没有很大的阅读意愿，更不会去图书馆进行阅读，因此，必须要开展一些生动、有趣的阅读推广活动，使这部分人发现阅读的魅力，体会阅读的乐趣，产生阅读的意愿。例如，开展主题阅读活动，搭建一个有趣的阅读平台，通过话剧、手抄报等形式展示阅读的乐趣，提高读者的阅读兴趣，使其习惯阅读。公共图书馆多年来一直秉承着“读者第一、服务至上”的理念，在新媒体迅速发展的今天，传统的阅读载体面临着巨大的挑战。在阅读推广中，广大读者才是阅读的真正主体，图书馆阅读的推广工作主要就是要从读者身上入手，首先要了解读者的知识层次以及他们的阅读需求，这样才能做到有针对性地解决问题，做到有的放矢。在信息技术迅速发展的今天，各种各样的电子设备出现在人们的生活中，相比于去图书馆阅读，很多读者，特别是年轻的一代更喜欢在家里躺在沙发上用手机、平板电脑来阅读。可见，图书馆阅读面临着巨大的挑战。因此，图书馆必须由被动地等待读者来阅读改为主动出击，迎接挑战，根据读者对阅读的需求进行创新升级，让读者体验到传统阅读的乐趣，采用各种方式避免图书馆阅读被边缘化。

阅读不仅仅只是自身对书本中的文字的理解，有时候听他人对书中的金玉良言进行讲解也是一种不一样的阅读方式。因此，图书馆可以定期开展一些讲座或者授课，每次都有一个明确的主题，提前在一些网络平台发布相关信息，吸引志趣相投的读者前来倾听，寻找共鸣。相比于授课来说，沙龙式的阅读推广模式更具有特色性，图书馆相关负责人可以定期组织一些在某些领域有经验的人作为“图书”，读者与“图书”进行面对面的交流，他们可以相互分享经验，说不定还能够碰撞出思想的火花，将各自的知识潜移默化地传递给对方。

还可以利用阅读日等日子，每年举办全民阅读节，吸引读者参加，激发民众的全民阅读热情，使其成为读者的年度盛会。全民阅读节期间，活动可以在图书馆、书店、剧场、学校、火车站或街头巷尾等地举行。除邀请作家和插图画家来与读者互动，还可以邀请全国的出版社、全民阅读团体、图书馆联合展览，读者们可以参观展览，购买图书，或聆听书评讲座，获得作者签名等。民众有机会见到他们喜爱的作家，而且欣赏说书人利用音乐、舞蹈和木偶戏所呈现出来的动人故事。此外，还可以组织民众高声诵读文章，参加或观看演出，参与和读书有关的各种交流会和讨论会等。

在阅读活动中，要积极推动民众阅读经典，除开设提供一般大众参与的国学讲堂外，鼓励大学院校、高级中学成立传统文化研究群，支持公共图书馆成立读书会，推动设立经典书籍书房，定期举办经典讲座，导读中文经典。将过去只有学术、研究人员参与的讲座开放给公众。让学术研究成果引导民众对传统文化的欣赏，一方面延续中华传统文化的生命，另一方面，深化全民阅读，提升读者的自我修养。

图书馆在推动全民阅读的推广方面责无旁贷，应借鉴发达国家的经验，在推动全民阅读风气形成、促进民众养成良好全民阅读习惯，并具备良好全民阅读能力方面做出自己的贡献，全民阅读使社会更加智慧和包容，使得社会更加美好。

（八）运用新兴技术为读者服务

现在是一个内容多元、方式多样的阅读时代。互联网、云阅读、电子书、阅读器等带来一场阅读革命，使所有好书可以在方寸间随身携带，数字阅读影响力不断攀升。为了使更多的人投身全民阅读活动，必须意识到，传统与现代的融合、纸质图书阅读与电子网络阅读并存是阅读未来的趋势。所以说公共图书馆在推进传统阅读的同时，要更进一步积极探索网上阅读、手机阅读、电子阅读等新领域，并以此为重点，努力实现数字媒体和纸质媒体的对接与共荣，不断拓展阅读领域，努力打造网上全民阅读公共文化服务平台，探索适合新形势需求的数字阅读服务的新模式、新载体、新平台。

我国成年国民对所在地举办全民阅读活动的呼声较高，近七成的成年国民希望所在地有关部门举办阅读活动。因此，可以通过加大数字化阅读投入，创新开展阅读推广活动，实现全城通借通还，达到提升城市文化素质的目的。

基于资源的阅读推广不一定基于一个图书馆当前的现实馆藏，还可以基于任何可以被纳入馆藏的资源。如今，虚拟现实、数字化阅读、远程教育等技术正不断应用于图书馆服务领域，图书馆特别是公共图书馆拥有大量数字馆藏、共享资源，我国大众数字化阅读普及率已近 70%，而目前公共图书馆界开展的家庭阅读推广项目大多仍以纸质图书为主，尚未针对已逐渐形成趋势的数字阅读、电子阅读等新的馆藏资源阅读展开相应的家庭阅读推广。因此，公共图书馆在开展家庭阅读推广时，也应该结合新技术，充分利用一切可用的馆藏资源，开展内容更丰富、形式更新颖的阅读推广活动，吸引更多家庭参与阅读，使更多人爱上阅读，推动全民阅读的发展进程。

公共图书馆在阅读推广中，需要进一步丰富包括传统资源和数字资源在内的馆藏资源，确保馆藏资源能满足民众的阅读需要，这是公共图书馆开展阅读推广活动的基础。对于中华优秀传统文化，为方便现代人阅读经典内容，不仅需要进行纸质图书的推介，更需要大力进行相关内容的数字资源建设，借助网络渠道加以推广。公共图书馆理应加强经典文献资源的数字化建设，建立线上线下相结合的文献信息共享平台，为社会公众提供优质的数字文化服务。

可以由各地省馆牵头，制作经典阅读内容的视频、图文资源，并及时录入相关文化数据库。例如南京图书馆在自建资源中，已经整理制作出民国连环画、百年人物等经典数据资源，可供读者在线阅读。各区域图书馆在制作这类资源时，一方面要注意根据各馆自身条件，通过影印、数字化、缩微技术等方式对馆藏经典进行研究整理；另一方面要注意按照分级阅读辅导的要求制作数字资源。同时，各省馆之间尽可能相互合作，协商在一定区域内共享制作完成的数字资源，或是在制作前期制订计划，分领任务去制作。

随着数字阅读时代的到来，公共图书馆应适应数字化新趋势，充分发挥公共图书馆阅读引领作用，积极推广数字阅读，增设 24 小时自助借还机、电子书刊机等新技术设备，增加数据库及电子出版物馆藏，积极推进多媒体、多平台融合，提供高质量的阅读资源，不断探索数字化阅读的新载体、新技术、新模式，满足读者的阅读需求。

在互联网、大数据技术引领下，公共图书馆要想加快全民阅读推广进程，帮助民众树立阅读意识，还要整合技术资源，构建网络知识服务平台。信息时代，科学知识的输出模式已经发生了根本性改变，书籍借阅不再是知识服务的唯一形式，电子阅读、网络阅读成为民众阅读的首选。在此背景下，公共图书馆要想普及科学文化知识，开展全民阅读活动就要从信息技术中汲取有益经验，采用互联网技术、网站技术构建网络知识服务平台。通过互联网向群众进行知识文化输出，最大限度普及科学文化理念，引导群众形成阅读学习意识。北京科技大学通讯工程学院与学校图书馆携手合作，针对学校周围的社区推出了“移动图书馆服务系统”，居民可利用手机下载客户端，直接登录图书馆移动服务系统进行图书借阅预约，图书馆会把居民想看的书籍直接送到家中，为居民的阅读和文化生活提供便利。

（九）建立长效机制，形成品牌效应

全民阅读推广活动的开展不应该是一个应景或应时的活动，为确保阅读推广活动的健康有序发展，建立全民阅读组织领导机构，健全长效阅读推广机制，完善全民阅读工作体制机制，显得尤为重要。公共图书馆可以考虑设置阅读推广的专职部门，譬如成立全民阅读推广委员会等组织机构，并在经费、人员等方面进行长期的规划和安排，力争通过长效阅读推广模式吸引越来越多的读者，使读者在其中能够感受到浓厚的文化氛围。实现开展全民阅读活动的广泛性、持续性和有效性。当然，建立全民阅读推广活动的组织协调部门，要着眼于图书馆实际，建立一支高效、专业的推广阅读队伍，形成一支具备理论与实践能力的骨干队伍，从事阅读活动的策划、组织、研究和实施工作。

全民阅读推广是一项长期的活动，在长期阅读服务的过程中，应该注意凝练出阅读推广项目的品牌。公共图书馆要在现有阅读品牌的基础上，进一步将阅读推广活动载体充实化，策划实施全民阅读推广项目，创造性地推出更多大型的全民阅读活动品牌，诸如“读书节”“读书月”等,并以此为契机,进行形式多样的“书香家庭”“读书达人”“书香校园”等评选活动，以“身边的典型”作为榜样示范，吸引更多群众关注阅读、参与阅读活动。此外，还要充分利用春节、清明节、端午节、中秋节、重阳节等传统节日开展具有民族文化特色、生动活泼的主题阅读活动，如文化讲座、经典诵读、征文活动等，引导广大市民走进图书馆以阅读的方式欢度传统佳节。

推进经典阅读，塑造品牌活动，体现着对于传统文化、对古代先贤往圣的“温情与敬意”。因此，经典阅读推广可以通过讲座、诵读、影片欣赏，或是“阅读节”“读书周”等方式开展，在这些活动中图书馆需要注重品牌活动的塑造。图书馆经典阅读品牌活动成功树立，广泛吸引读者，使读者在长期的阅读推广活动中潜移默化地受经典的熏陶，培育和启迪读者身心深处蕴藏着的中华传统文化思想。图书馆应每年选取一部经典名著进行导读，以研讨会、讲座、展览、知识竞赛等多种形式予以呈现，选取多部经典哲学名著开展相关的阅读推广活动。在经典阅读活动中结合馆藏资源，把握每次活动中的每一环节，注重活动的深度和广度。

针对家庭阅读推广活动的品牌效应，公共图书馆要借鉴成熟的家庭阅读推广理论，制订明确的家庭阅读推广计划，实现公共图书馆家庭阅读推广的科学发展。公共图书馆是家庭阅读推广的核心力量，常常处于家庭阅读推广工作的第一线，在家庭阅读推广的实际工作中，往往能够深入地了解读者需求，也能掌握读者家庭藏书、家庭阅读行为方式等第一手研究数据和资料。同时，可利用软硬件资源优势进行大数据分析。结合这些优势，公共图书馆可以以家庭为单位，展开读者阅读行为研究，思考和探求家庭阅读推广的内涵、外延；制定一系列工作标准，比如家庭阅读推广方式、家庭阅读推广活动的组织原则、书刊采购规则等；基于相关规划以及国家层面的阅读推广计划，制订适合自身的明确的阅读推广计划，从而更有计划性、针对性地展开公共图书馆家庭阅读推广工作，使公共图书馆家

庭阅读推广活动逐步走上科学、有序、长效、可持续发展的轨道。

（十）建立反馈机制，定期展示成果

从我国当前的公共图书馆发展模式来看，基本都是由政府进行主导，缺乏活力，行政内容较多，甚至在对外开放合作的活动中都有严格的要求，这就严重限制了图书馆阅读推广活动自主能动性的发挥。因此，必须破除此种机制的弊端，充分发展图书馆阅读推广活动的自主创新能力。具体可以从三方面入手：首先，对相关法律进行调整和优化，通过法律来规范图书馆阅读推广行为的基本框架，使图书馆阅读推广活动的多元化发展有法可依；其次，改革图书馆内部阅读推广工作的组织方式，可以考虑在图书馆内部成立独立的推广部门，围绕阅读推广服务展开相应的工作，做到专职专干专责；最后，要形成有效的阅读发展和评价机制，防止阅读推广活动流于形式，保证阅读推广活动的效果。

图书馆可以运用相关统计数据，每年定期分析我国各类型图书出版情形，呈现全年度出版风貌，让民众及专业人士了解我国出版物市场现况，与民众的全民阅读情形比对，作为出版业和图书馆调整出版、营销、馆藏发展策略的参考。

为能完整呈现读者的阅读风貌，图书馆可以通过相关的借阅统计，了解读者的喜好，作为全民阅读推广方向与新书购置的参考，由借阅排行榜信息的发布，吸引更多的民众走进图书馆，一同享受全民阅读的乐趣，公共图书馆可以汇总分析前一年的借阅资料，呈现借阅情形，了解读者的阅读兴趣。

阅读推广活动反馈的重要性远大于其活动形式的新颖和规模。公共图书馆应当定期公告服务开展情况，听取读者意见，建立投诉渠道，完善反馈机制，接受社会监督。图书馆营销理论中的“用户满意度”往往也通过“用户反馈”得以体现。经典阅读推广尤其需要和用户建立畅通的意见反馈渠道，因为经典阅读是一种对话性的阅读，需要更加注重推广对象的个体性差异。这种对话是读者和作者之间，超越时间、超越空间、超越年龄的一种交流，是思想与思想的对话，心灵与心灵的对话，甚至是生命与生命的对话。对不同的读者，每一次的阅读都是一场对话。唯有建立起阅读推广的反馈机制，才能帮助每一位读者从自身出发，理解经典，最终运用经典为自己的人生答疑解惑。公共图书馆可以同时利用线上线下两个平台，一方面在馆舍内设置意见建议反馈箱；另一方面利用官方网站、微博、微信平台直接与用户对话，利用网络的快速与便捷，及时解决用户的困惑。

（十一）不断探索新的阅读推广模式

传统的阅读模式的深度是不可代替的，然而，在新媒体发展迅速的时代，人们在阅读过程中，明显发觉“界面阅读”比“纸面阅读”更加简便、快捷、丰富，正由于这样的原因，新的阅读模式融入了人们的生活，渐渐成为生活中不可或缺的一部分。也正因为这种新阅读模式的简单和快捷，阅读习惯也发生了改变，阅读的深度渐渐变浅，阅读的内容娱乐休闲化，带给读者的更多是碎片式的信息。这样的新的快餐阅读模式在消耗读者时间的同时，也造成了读者对知识的了解程度不深，阅读的实际意义也没有能在过程中体现出来。

怎样才能在不固定的时间和地点，把图书馆中的知识通过新媒体的方法带给读者呢？这就需要公共图书馆将传统与新媒体阅读方法相互结合，双管齐下，共同进步。

现今，新媒体阅读模式越来越多，读者也更愿意体验新的数字阅读方式。手机移动端阅读已经非常普遍，成为新媒体时代的潮流，怎样才能将图书馆的知识内容通过网络载体发送到移动电子设备上进行随时随地的阅读，这需要图书馆方面进行探索，构建更加全面而高效的阅读推广模式，吸引更多读者，让不同年龄段、不同层次的读者有全新体验。图书馆要丰富移动图书馆的服务内容，健全移动数据库，让读者能在手机或平板电脑等移动设备上随时随地进入移动端图书馆查阅图书馆的数字化典藏，比如图书、报纸、期刊等，实现“把图书馆带回家”，让读者能更加自由地调取图书馆中的资源。图书馆还可以在微博或微信公众号等方面进行创新、更新，这样能够让读者更方便地了解图书馆的动态，获取图书馆推荐书目等，同时也可以实现读者之间的社交分享，也能够让读者更加方便地对图书馆提出意见和建议，图书馆也可以通过这些方式更加准确地掌握读者的需求。

随着新媒体时代的到来，阅读推广模式越来越多，但是，新媒体的到来并不意味着图书馆传统阅读模式的消亡，而是给读者带来了更多的阅读机会。新媒体时代下，图书馆阅读推广的传承与更新为阅读者的阅读空间提供了更多的阅读元素。图书馆阅读推广工作是一项长期工作，需要不断扩展阅读宣传的渠道，创新更多有趣的阅读模式，才能够吸引广大读者加入阅读的行列。

随着全民阅读活动作为促进建设书香社会、提高国民文化素质的重要举措，进一步得到国家高度重视和社会的广泛认可，基于公共图书馆的全民阅读推广的研究已经成为大家关注的热点。公共图书馆要通过健全长效阅读推广机制，做大做强全民阅读活动品牌，拓展全民阅读新领域，加强与社会力量的合作等具体措施，推动全民阅读推广的持续发展。在当今全民阅读大环境下，阅读推广作为公共图书馆的使命，全民阅读任重道远。创新发展新模式，提升阅读活动质量，打造阅读服务品牌，加强社会合作与业界交流，科学地推动全民阅读的可持续发展，需要图书馆人不断思考探索创新。

目前，国内阅读推广活动的总体发展状况已是成绩斐然，但结合全民阅读的现状来看，无论是政府组织层面还是公共图书馆发展层面都存在不小的压力，全民阅读的全方位发展非一朝一夕可以实现。公共图书馆要想实现阅读推广活动的可持续发展，就必须努力寻找多元化的发展途径，使之产生持续的生命力，也唯有如此方能真正推动图书馆事业的创新发展。未来仍将是各种新技术、新平台、新业态不断涌现的时代，图书馆要积极把握时代机遇，寻求更多更好的平台、技术和策略，开展“百花齐放”“不拘一格”的阅读推广服务，让全民阅读永远焕发生机。

第四章 公共图书馆数字资源建设

第一节 公共图书馆数字资源建设的重要性

在信息技术迅猛发展的今天，数字资源的生产、传递、获取、存储发生了根本性改变，数字资源建设有了更为丰富的内涵。

数字资源目前尚无权威定义，一般指以电子数据形式把文字、表格、图像、音频、视频等有序的、可利用的多种形式信息存储在光、磁等非纸质载体上，并通过网络通信、计算机或终端等方式再体现出来，用户可通过计算机网络进行本地或远程读取、使用的信息资源，包括电子图书、电子期刊、数据库等资源。数字资源是多类型、多格式、多媒体、多语种的信息混合体，是一种跨媒体的信息对象，以多种逻辑和物理格式存在，利用时往往需要专门的软硬件进行解压、转换、显示或播放。

广义上，数字资源建设是人类对处于无序状态的各种媒介信息通过选择、采集、组织和开发等活动，使之形成可利用的信息资源体系的全过程。

单纯从公共图书馆角度来定义，数字资源建设是图书馆根据其性质、任务和用户需求，有计划地系统地规划、选择、收集、组织、管理各种资源，建立具有特定功能的信息资源体系的整个过程和全部活动。公共图书馆数字资源建设主要包括馆藏资源数字化、数据库建设及网络信息资源开发组织等方面的内容。

在新的图书馆业态环境下，图书馆馆藏资源体系不仅包括以模拟形态存在的文献信息资源，而且还包括越来越多的以数字形态存在数字信息资源，数字信息资源包括联机检索信息资源、因特网信息资源，以及图书馆依托本馆馆藏，独立或与其他单位开发建设的数字信息资源。数字信息资源数量大、类型多，而且具有广泛的共享性，用户借助计算机系统、通信网络等可以随时访问使用。数字信息资源建设无疑是今后图书馆服务体系信息资源建设的核心内容。

一、图书馆数字资源建设的主要内容

在图书馆数字资源建设过程中，首先要依照图书馆的受众对象以及自身的特色，选择合适的商业数据库，比如可以选择万方数字化期刊数据库、中国期刊全文数据库等权威性

较高的数据库，以不断满足用户的各种信息需求。其次，利用互联网信息资源弥补图书馆数字资源。现阶段，互联网上存在很多免费的信息检索网站，这些网站可以向用户提供专业的文献资料检索，为此，图书馆可以利用自身的技术优势合理开发各种网上信息资源，以不断丰富和完善图书馆内的数字资源，并不断开拓新的服务领域。再次，充分发挥图书馆内各类书籍中附带的光盘等电子出版物，并利用各种信息技术加强对此类信息资源的开发，以不断满足各种类型读者的阅读需要。最后，加强图书馆内文献信息的数字化制作，提高图书馆内文献资料的利用率。比如对于一些价格较为昂贵，而且无力采购复本的文献资源，图书馆可以对其投入相应的资金，并让相关的图书馆管理人员进行数字化制作，增加该类文献资料的载体形式，以满足多数人对少数文献资料的借阅需求。

二、公共图书馆数字资源建设的基本原则

在数字资源保障体系中，数字资源是外在形式，知识服务是内在核心，所以在建设数字资源时，不仅要考虑到资源的采集、存储、发布、利用，更要深入到数字资源的背后，挖掘其内在价值。公共图书馆在数字资源保障体系的构建过程中，应重点把握好以下原则。

（一）共建共享原则

通过信息服务保障公民的信息获取和使用，确保每一位用户能够公开、公平、公正地使用图书馆资源，享受图书馆的信息服务是图书馆服务的战略目标之一，因此，无论是纸质文献资源，还是数字资源，都讲究信息资源的开放和共享。一方面，数字资源的共建共享能够在整合各馆资源的基础上，最大限度地满足用户对信息资源的需求，单个公共图书馆由于受到自身规模、预算、发展战略的限制，不可能仅仅依靠一己之力满足用户的多元化信息需求，同盟共享、馆际互借是图书馆资源建设的必然发展趋势，随着开放式存取进程的深化发展，图书馆资源共建共享将不断突破区域限制、机构限制，实现新的高度。另一方面，数字资源的共建共享能够激发知识的流通，知识的流通需要开放性、关联性等多个要素，开放性越高，知识的流动性也越高；关联性是指将单个的数据解放出来并连在一起，打破原有僵化的秩序，在建立新秩序的过程中，知识相互碰撞，激发出新的创意与火花，数字资源的共建共享能够最大程度上促进开放性、关联性等激发知识流动的要素，有效实现信息的加速流动和价值再生。

（二）以人为本的构建原则

传统的图书馆资源建设围绕书本展开，忽视了用户对资源的需求，最终导致了较低资源使用率及投资回报率，在新型的数字资源构建过程中，公共图书馆需要始终本着以人为本的服务原则，以用户的信息需求及信息使用模式为出发点和落脚点，做到所建设资源能够在最大程度上迎合用户的信息需求，并能跟上用户需求模式的变化；资源提供的形式能够反映用户的信息使用模式，方便用户快速便捷地使用。

（三）资源组织的通用原则

这种通用性体现在两个方面：资源类型的同构性，同构性是指事物之间具有的相同的或相类似的结构系统，同构性或者说兼容性能够促进数字资源传播的流畅性，减少传播障碍，提升传播效率；资源交换的通用性，在人人都是自媒体的创客时代，每一个人都可能是资源的创建者，因此，图书馆在资源建设的过程中要开发方便用户编辑使用的资源，使资源更易于集成、迁移。

三、公共图书馆数字资源建设策略研究

（一）认识数字资源建设的重要性

统一思想，提高认识，切实将数字资源作为图书馆建设的新领域。传统图书馆服务模式造就了馆员以书为本的服务理念，体现在馆员工作流程上的采访、编目、流通均围绕着书本展开；图书馆的空间设计同样也体现着以书为本的服务理念，封闭的阅览室极不利于知识的流通与再生。进入新的数字化时代，图书馆及其馆员必须认识到自身理念转变、服务转型的必要性，认识到数字资源在社会经济发展、人类进步中的意义，数字资源建设应当被公共图书馆作为建设的新领域、新增长点，必须花大力气谋划好、建设好。信息化和全球化是图书馆发展的动力、信息化的发展给图书馆带来了资源的数字化、信息传递的网络化，并打破了信息获取和传递的时空限制，公共图书馆的数字资源建设工作必须在充分认识到以上观点的基础上展开，处于信息化时代的馆员更是要认识到数字资源建设的意义，要始终秉承开放、以人为本的服务理念，做到：

第一，积极与用户沟通，随时掌握用户信息资源的需求动态，理解用户的信息资源使用模式，并以此为据设计相应的信息服务，构建合理的数字资源保障体系。

第二，积极掌握信息时代的各项技术，深入探索如何利用各项新技术、新工具拓宽数字资源的建设思路和建设途径。

第三，以数字资源建设为着眼点，为用户开辟信息交流、传播、管理、使用的新型数字化平台，为人类提供共享协作的学习空间、科研空间、社交空间，促进知识的流动。

（二）统筹规划，加强合作，协作共建

在数字资源建设的道路上，公共图书馆必须坚持加强合作、共建共享、协作发展的构建原则。

1. 统筹规划

统筹规划是指国家、省一级图书馆对下级图书馆及基层图书馆的统一要求和指导，数字资源的共建共享是一项系统性工程，绝不可能一蹴而就，必须在国家、省级单位的领导下，制定统一的规范，努力在数字资源建设上形成全省乃至全国公共图书馆的一盘棋，这种统筹规划的优越性主要体现在两个层面：一是国家、省一级图书馆能够在整合区域内公

共图书馆资源的基础上，从更高角度展望未来信息化的发展趋势，进而制定数字资源保障体系的构建方针、政策、路线，并形成规范化的标准、实施细则，有利于区域内数字资源建设的效率；二是统一的指导能够形成区域内图书馆联盟的向心力和凝聚力，促进公共图书馆今后在其他合作领域的创新发展。

2. 加强协作，协调发展

信息化的另一个特征是全球化、一体化，公共图书馆作为社会主义文化事业的重要支柱，在今后的发展道路上必须形成统一的整体，加强合作与交流，实现资源互补、优势互补，进而形成一定区域内有机整合的数字资源保障体系，促进社会的学习化进程。

（三）建立人力、物力、财力的社会保障机制

数字资源保障体系并不能凭空而建，必须以强大的人力、物力、财力基础为依托。各分馆在总馆的统一规划、协调指引下，必须加大对数字化资源建设的投入，将各项数字化资源建设工作落到实处，建立健全人力、物力、财力的投入保障机制。

1. 公共图书馆必须建设一支具备高素质、高技能的馆员人才队伍

高素质包括积极开放的公共服务热情、端正的工作态度、较高的信息素养和数据素养；高技能包括信息技术技能、运用创新思维解决问题的能力、与他人协作的能力，等等；高素质、高技能的馆员在数字资源保障体系的构建中起着中流砥柱的作用，是建设工作的智力支持。

2. 公共图书馆必须加大数字资源保障体系的资源投入

这既包括各种数据库资源的采购投入，又包括新技术、软件平台的开发应用，强大的物力、财力投入是数字资源保障体系构建的物质保障。唯有以强有力的物质保障和智力支持为前提，公共图书馆才能在多方资源整合的基础上，开展适应新形势变化、迎合用户需求的数字资源保障体系。

数字化全媒体时代，公共图书馆必须能够适应新形势的变化，为用户提供适应其需求、内容多样的数字资源保障体系，在协助用户对资源进行采集、存储、发布、利用的基础上，深入挖掘数字资源的内在价值，促进知识流动和激活，进而促进人类文明的发展和社会的进步。在数字资源保障体系构建过程中，公共图书馆应遵循共建共享、以人为本、资源组织的通用原则，通过推动馆员对数字化资源建设战略意义的认识，坚持走共建共享、协调发展之路，以及建立人力、财力、物力社会保障机制，实现新时代公共图书馆资源建设的新发展。

四、公共图书馆数字资源建设的现状分析

目前，公共图书馆主要从两方面着手建设数字资源，一是文化共享工程数字资源建设；二是数字图书馆数字资源建设。

各馆都加大了资源建设力度，在经费投入、人员配置上给予了重视，资源建设进展顺

利，资源量有了大幅提高。建设的数字资源类型包括电子图书、电子期刊、电子报纸、数据库、音视频资源、网络资源等。这些资源有传统文献的数字化，有各种类型的原创数字资源，还有其他虚拟馆藏。建设模式包括自建、购买、获赠、试用以及网络共享等方式。购买的数字资源以国内外大型数据库为主，偏重学术性、实用性，占资源总量的比例最大。自建数字资源多为图书馆自建的特色数据库，这是图书馆数字资源建设的重要任务。

自建数字资源的特点：一是馆藏文献资源的数字化，主要是书目数据，文献全文和二、三次文献等的数字化；二是图书馆原创资源的数字化，主要是讲座视频，专题片等；三是网络数字资源的馆藏化，主要是有目的、有选择地收集、加工、整理和存储网络信息资源。数据库类型从过去较单一的书目型、索引型、文摘型数据库转型为图文并茂的全文数据库和集文字、图片、音视频为一体的多媒体数据库。

近几年，省级公共图书馆通过文化共享工程项目规划建设出一批优秀数字资源，这些资源多以地方特色数据库为主，围绕某个具有地域特色的专题进行资源整合，具有知识数据库的特点，揭示的内容更全面、更系统、更深层。如广西桂林图书馆围绕本地特色文化建设的“刘三姐文化”，陕西省图书馆以地方特色戏为主题建设的“秦声秦韵”，海南省图书馆反映当地民族民俗特色的“海南黎族”，湖南图书馆以当地历史人物为主题建设的“湖湘人物”，广西图书馆保护当地传统文化建设的“非物质文化遗产保护”，等等。这些特色数据库大多是图文并茂的全文数据库或者是集文字、图片、音视频为一体的多媒体数据库。可见，文化共享工程项目规划之下建设的数据库多以专题数据库为主，而且这两年项目规划的方向仍是建设多媒体数据库或者制作专题片。

数字图书馆数字资源建设导向是依托本馆馆藏建设特色数字资源，侧重于挖掘实体馆藏建设全文型数字资源，包括文本全文、图像、音视频、网络资源等。在国家图书馆的统筹规划下，全国省级公共图书馆将按主题进行资源联合建设。联合建设按照“共建共享”的原则，将各地区分散、异构的资源有效集中与整合，最终在数字图书馆推广工程网站上统一揭示。联合建设的目标是搜集与整理反映中华文明传承、地方文化特色、重大事件、重要人物等内容的各类型资源。资源联合建设遵循统一的标准规范进行资源的加工、组织、管理和保存，提高了数据质量，避免了重复建设，弥补了各自馆藏资源的不足，提升了信息保障能力和服务水平。

五、公共图书馆数字资源建设中遇到的问题及对策

（一）统筹规划问题

尽管在国家图书馆、全国公共文化发展中心等的统筹规划下，公共图书馆的数字资源建设有了建设方向，但是各图书馆有必要针对自身馆藏资源特点，结合当前发展形势，对本馆的数字资源建设进行统筹规划，制定数字资源发展政策，明确目标，有序进行，多渠道建设馆藏数字资源，比如，对现有数字资源的整合与采购、新建各类数据库、网络信息

采集、加工和保存等，规划的重点应该是如何建设本馆的特色数据库。

（二）数字资源建设队伍问题

公共图书馆越来越重视数字资源建设工作，大部分图书馆都成立了专门的数字资源建设队伍，并根据工作内容设置岗位，但就实际工作情况来看，仍普遍存在人员不够、人才知识结构单一、业务素质较低等问题。从事数字资源建设工作的人员必须具备深厚的图书馆学基础知识，掌握扫描、摄影、摄像等技术，能熟练操作计算机，具有一定的信息组织能力和深度挖掘信息的能力等。为此，图书馆在引进相关专业人才的同时，重视现有人员的培养，加强人才知识教育，不断更新专业知识，注重培养精通计算机、图书情报、文献数字化管理等多种能力于一身的复合型人才。同时，采取各种措施加强队伍成员的团队合作精神，合理分工，形成良好的资源建设格局，促进资源建设工作高效有序进行。

（三）数据库数据量与数据质量控制问题

数据条目是数据库的基础和核心，数据搜集是实施数据库建设的关键所在。数据库在数据录入时必须做到数据的全面完整和真实实用。数据库建设中存在部分数据库数据条目较少的情况，这样的数据库内容较单一、不全面、规模小。公共图书馆界对数据库的规模应该有标准规范可依，应该对数据条目的最少数量有所规定以保证数据库的规模。数据质量主要取决于数据的正确性、一致性、完整性、有效性、唯一性、可靠度、关联度等，数据质量控制就要在数据库建设的每一个环节，依据统一的标准规范来开展工作，并在数据源类型上做到“全”，在数据收集渠道上注重“广”，在数据时间上遵循“宽”，在数据格式上做到“准”。

（四）标准规范问题

标准规范是数字资源建设的基础，也是实现数字资源共建共享的根本保障。国家图书馆正着力于建设完善的数字图书馆推广工程标准规范体系。该标准规范体系以资源、服务、技术、管理四个要素为基本框架，围绕数字资源生命周期进行构建，涵盖数字资源的内容创建、描述与组织、发布与服务、长期保存等环节。目前已基本完成了元数据管理、对象数据管理、数字资源唯一标志符等六个专题、十七项标准规范的建设，并申请立项成为数字图书馆领域的文化行业标准。已经颁布实施的国家标准和行业标准有文本、图像、数据的加工规范，网络资源、图像、数字资源长期保存的元数据规范等。由于这些标准规范实施不久，而且与绝大多数图书馆之前开展数字资源建设的实际情况有所不同，所以有必要针对这些行业标准进行培训学习，让工作人员全面了解其内容，并在实际的工作中通过实践不断学习、不断掌握。此外，各个图书馆还应该根据这些标准规范针对实际工作制定本馆的标准规范操作手册。

（五）经费问题

近几年，政府不断加大了公共图书馆购书经费的投入，然而随着中外文书刊价格的猛涨、电子出版物的大量发行，公共图书馆仍然普遍存在经费紧张的问题。数字资源建设经费与纸质文献资源建设经费相比，在总体上保持一定合理比例的同时，应该具备一定的优先度。此外，对于建设特色数字资源，人力、物力和财力等方面的投入是持续不断的，不仅初建时需要有较大的投入，后期的维护、利用、完善等方面的经费投入更为关键。因此，图书馆应该保证建库经费投入的持续性。

（六）知识产权保护问题

在数字资源建设中，图书馆既是数字资源的使用者，也是数字资源库的所有者，如何处理其中的知识产权问题越来越受到图书馆界的重视。目前，图书馆普遍采用合理使用、赠予、合作共建、购买、版权声明等方式获得作品的使用权。然而在工作中仍有大部分工作人员缺乏知识产权相关知识。图书馆应该加强知识产权相关知识培训，提高从业人员的知识产权保护意识，并重点培养几名解决知识产权问题的专业人员。同时加强对读者知识产权法的普法教育，让读者了解知识产权法的一些相关规定，尊重知识产权，依法合理使用电子资源。在使用过程中，可以运用先进信息技术保护措施予以控制，如加密、设置存取权限等。数字资源建设是一个庞大复杂的过程，要建设量质并举的数字资源，还需要图书馆界的不断探索。

六、数字资源建设的意义

信息化时代，传统的图书馆被动式服务不再能够吸引公众的阅读，当前的科学技术发展迅速，可以通过网络随时随地地交流，数字资源的建设符合当前人们的阅读需求，数字图书馆可以通过网络随时随地发布和传播图书馆中的各种文献资源信息以及传播文学知识。随着社会的不断发展，对阅读的需求更加多样化，传统图书馆的文化资源已经不能够满足需求，数字资源的建设给当前公众的阅读需求带来多样化的选择。在信息化时代，文学资料的形式多样化，网络技术和多媒体技术给文化知识的记载方式带来更多的选择，能够为读者提供多媒体远程信息服务。所以，做好各级图书馆的数字资源建设工作十分必要，既能够传播先进文化还能够推动我国的基层文化建设。

公共图书馆，特别是地市级公共图书馆，在推动传统文化资源保存与保护、引导区域特色文化发展方面，发挥了重要作用。图书馆是文献信息中心也是历史积淀和文化传承的场所，拥有丰富的文献资源和历史遗产。每个图书馆的文化资源、历史脉络、发展背景、地域分布、服务对象等均不相同。因此，图书馆担负着构建自己的特色文化资源、让民众更好地了解当地文化、继承和弘扬特色文化的重任。

互联网技术不断发展，尤其是“互联网 +”概念的提出，使得数字图书馆逐渐成为公共图书馆发展的重要趋势。数字图书馆可以将大量纸质资源通过数字化技术重组、建设、展示，更大范围为公众提供文化资源，真正实现公共文化服务均等化的要求。为此，用数字化手段保存、传播公共图书馆的特色文化资源，成为推动区域特色文化发展的重要手段。

七、图书馆数字资源建设中的服务方法

图书馆通过拥有的知识、信息资源和技术设备使读者现场或远程获取知识和信息本身就是一种服务，通常被称为信息服务或知识服务。图书馆数字资源建设的目标就是更好地为用户服务，而服务也是检验数字资源质量和水平的标准。在图书馆信息资源建设中，信息服务所提供的产品还需要进一步加工，而服务科学直接到达解决方案，是属于深层次的信息服务。从信息服务到知识服务，服务科学都是努力的方向。高校图书馆要过渡到知识型密集服务业并创造更多的价值，就需要学习服务的理念、知识和科学，要借鉴服务科学的理念和方法。

在服务经济时代，图书馆首先应该意识到知识服务的必要性与重要性，其次可以根据自身条件确定所能提供的知识服务的内容与特色。通过服务理念和现代信息技术的紧密融合，帮助先进的技术转化为科学而又实用的工具手段，以此来提高图书馆数字资源馆藏质量，促进数字资源向现实生产力转化。完善图书馆管理模式。在图书馆数字资源建设中必须考虑管理模式，良好的管理体系是支撑图书馆信息资源建设理论体系建设的基础之一。网络环境下，图书馆的服务重心从文献管理转向为用户服务。图书馆应建立读者需求与反馈渠道，全面了解用户的信息需求，为用户提供更深层次的知识服务。随着科学技术的迅速发展，传统的知识产权制度面临挑战，知识产权的保护范围在不断扩大。只有充分重视数字资源建设中的知识产权问题，图书馆数字资源建设才可以获得长远的发展。

总之，网络环境下的数字化图书馆具有高智能的检索手段和强大的信息传播功能，信息资源数字化是图书馆电子信息服务系统最根本的特点，是图书馆电子信息服务系统的物质保障。在图书馆数字资源建设中引入服务科学，就是不仅仅围绕数字资源建设而进行数字资源建设，而是充分考虑社会需求，从面向问题的实际发展而组织实施，为图书馆培养具有管理、人文和技术综合能力的高素质图书馆人才提供理论和技术支持。

第二节　公共图书馆数字信息资源共享体系的建立

数字技术让知识网络化、信息可视化，网络时代的来临从资源和技术层面改变着公共图书馆的建设轨迹和服务模式。全国文化信息资源共享工程充分利用现代网络技术，对图书馆、博物馆等机构现有的文化信息资源进行数字化加工整合，建成互联网上中华文化信息中心和网络中心，形成中华文化信息资源的网络整体优势，并通过网络、卫星等传输途径最大限度地为城乡公众服务。开辟了一个不受地域和时空限制的信息传播渠道，促进了信息资源的合理配置，标志着一个全新的信息资源共建共享网络时代的来临。建设基础和良好运作需要全国范围内各级图书馆的共同协作参与、精诚合作建设，如何将数据海量，

类型繁杂，包括了文字、表格、图像、音频、视频等多种媒体的数字化产品表达并无缝传递，同时实现网络的互联互通，资源的共建共享。

一、公共图书馆网络化建设

（一）我国公共图书馆网络化建设的现状和问题

据有关资料统计，全国现有国家、省、地、县级以上公共图书馆近 2 600 家，部分馆已实行计算机自动化管理，其中地级以上的馆相当部分已基本实现计算机自动化管理，特别是经济发展较快的地区程度不同地建立了馆内局域网，很多还通过电信设施与互联网相接，形成具有一定规模的图书、情报数据库及各具特色的数据库，并从中培养和造就了一批成熟的操作员和网络管理人员。少数馆还开发了适合本地区、本馆情况的管理系统。可以讲，我国公共图书馆的网络化建设已有一定的基础。但也有一定数量的县级馆由于经费紧张、当地政府重视不够或思想观念较为落后而没有实现计算机管理，更谈不上网络化建设，令这部分图书馆的馆藏资源和文献信息都相对闭塞。

我国公共图书馆网络化建设仍存在不少问题有待解决，主要表现在：

一方面，一部分公共图书馆参与网络化建设的人员数量较少，文化程度不高，技术力量薄弱，总体水平较低。有的人懂得计算机网络技术，但不懂得图书馆专业知识；有的人懂得图书馆专业知识，但不懂计算机网络技术。同时懂得上述两种专业知识的“通才”相当缺乏，这种状况难以适应公共图书馆网络化建设发展的需要。

另一方面，公共图书馆网络化建设缺乏必要的协调管理机构及法律的保护，长期以来，形成了条块分割、各自为政、分散管理的散乱模式，各图书馆基本上封闭单一，不便于信息交互和对接，不利于图书馆进行集中统一规划和协调管理，造成资源共享难、重复建设等尴尬局面。此外，相当部分的图书馆，特别是县级馆，投入网络化建设的资金太少，对网络化建设影响甚大，严重阻延了网络化建设的步伐。部分图书馆的文献资源本来就缺乏，有特色的数据更不多，网络化信息服务意识不强，造成该地区图书馆工作与时代脱节，文化发展相对滞后。

（二）公共图书馆网络化建设的对策

1. 建立地区或市县及图书馆网络化建设协调管理机构

在各地政府的直接领导下，由文化部门的领导具体负责，以公共图书馆为龙头，组建具有权威性的网络建设协调管理机构，负责规范和协调各馆网络化建设，制定多馆合作的总体规划和结构设计，负责硬件、网络的配量方案和实施方案，以及图书馆软件开发、试验、调试和技术支持，负责网络化建设过程每一阶段性目标落实情况的督促、检查、评估及验收。这样一来，由于有了主管机构的统筹协调、长远规划和有力的技术保障，各地公共图书馆缺乏沟通、参差不齐、闭门造车、重复建设的网络化建设弊端将迎刃而解，也为构筑通用的地区图书馆网络平台奠定了基础。

2. 加强文献资源的协调开发、资源共享

加强文献资源的协调开发、资源共享是图书馆网络化建设的重要特征和功能，各馆应从全局出发，结合各地区实际，合理开发和利用文献信息资源，做到统一规划、共同合作、合理分工，不要盲目求新、求全、求快，只重数量而忽略质量。要避免重复建库，也要加强馆际之间的联合，各自承担一定范围和一定学科的文献收藏和开发任务，以取长补短，互通有无，使各馆馆藏真正联结成为统一完整的文献资源保障体系，为资源共享提供文献保障。把网络环境下的各公共图书馆建设成为内涵丰富、门类齐全、各具特色、方便实用的网络枢纽和知识信息高速公路“中转站”，以达到公共图书馆网络化建设的最终目的。

3. 坚持数据库和图书馆业务工作建设的标准化和规范化

数据库建设是一个庞大的系统工程，仅靠本馆自身力量难以完成。如果缺乏统筹规划和宏观调控，结果会是格式不统一、著录不规范、项目不完整、效果不理想等，给联网使用带来很多困难和麻烦。因此，成立地区联机编目中心，实行联机编目，组织联合建库，共同开发数据资源，共建一个标准的、完整的多文献类型的中心数据库是必要的，公共图书馆系统的数据资源体系，一般来说，主要有如下几种：一是书目数据库；二是馆藏报刊数据库；三是地方文献数据库；四是特色全文数据库。上述数据库的建设，应经常由网络化建设协调管理机构检查指导，及时纠正差错。在图书馆业务工作中，如图书资料著录法、分类法、叙词表、文字缩写法、字译法、书目编制、视听资料、文献制作、计算机情报载体及记录格式的标准化等，不单在国内要统一标准款式、规格、制度和条例，还应尽可能在国际上便于转换互通，力求规格与标准的统一，为我国加入 WTO 后各行业学科与国际标准的接轨铺平道路。

4. 建立公共图书馆系统五级计算机网络架构

主要是建立由国家、省、地市、县、镇公共图书馆组成的五级计算机网络体系。在五级网络架构建设中，必须分步发展、逐步到位，可考虑分三步走：一是初步联网，地市、县建立起图书馆计算机网络雏形，经济发达地区的镇级馆可列入该网；二是实行基本联网，即省、地市、县、镇馆联通；三是实行全国联网，即省、地市、县、镇馆与国家图书馆联通，最终建成一个以国家图书馆为网络中心，省馆为分中心、地市馆为分支，县、镇馆为基础的全国公共图书馆网络体系，并与信息高速公路接轨。所以五级计算机网络架构的建成将对我国图书馆工作的统一布置、逐级分摊、科学配置、灵活调用资源起到重大的促进作用。

5. 加强新型图书馆人才的培养

图书馆网络化建设的保障因素之一是加速培养一支应用信息技术的人才队伍，这支队伍包括图书馆网络化建设的总体设计、功能设计、系统设计、程序设计等人才，同时又要有信息结构与分析、数据定义描述、网络应用和咨询等人才，上述人才应是公共图书馆网络化建设的骨干队伍。因此，公共图书馆要千方百计创造较好的条件，吸引新型图书馆人才，留住人才，造就一支稳定的网络建设队伍。此外，还要使现有的图书馆管理人员不断更新知识，丰富知识结构，把他们培养成为既能掌握网络环境下的计算机操作，又能熟悉

图书馆资源和网上资源的开发与利用的新一代图书馆管理人员。

总之，公共图书馆的网络化建设，是振兴我国公共图书馆事业的必由之路，是公共图书馆在网络时代向信息化社会发展的方向和目标。其成功之时，将是我国公共图书馆事业新时代的开始。

二、公共图书馆高度共享的数字资源体系建设

由文化和旅游部、财政部共同实施的全国文化信息资源共享体系，是我国较早实施的一项公共数字文化惠民工程。其主要内容是：利用现代信息技术，数字化加工并整合中华优秀文化信息资源，通过覆盖全国的网络化管理和服务体系，实现其在全国范围内的共建共享。经过多年建设，资源共享体系已初步建成国家、省、市 / 县、乡镇 / 街道、村 / 社区五级服务网络，包括 1 个国家中心、33 个省级分中心、2 867 个县级支中心、22 963 个乡镇基层服务点，以及与全国农村党员干部现代远程教育工作和农村中小学现代远程教育工程合作共建的 59.7 万个基层服务点，数字资源建设总量达到 108TB。高度共享体系的主要任务是建设数字资源，提高数字资源质量。高度共享体系建设之初，资源建设即是其核心内容，随着其进一步深入开展，资源建设更是重中之重，成为高度共享体系承建单位，即公共图书馆的核心工作之一。

共享体系与数字资源在建设过程中相互辉映，共促发展。一方面，数字化技术、网络技术、通信技术、存储技术、计算机技术等信息技术是数字资源建设的基础，而共享体系就以这些技术为依托，通过创新应用使其自身持续、健康地发展。从另一个层面看，共享体系为已经数字化的信息资源提供服务，是未来高度共享的资源体系的早期实现形式，是数字资源理论探索实践的产物，是通过数字图书馆全新的信息资源组织模式构建的数字信息工程。共享体系的实施将在一个侧面缩短人们与数字资源的距离，使人们亲身体验到网络时代共享数字资源的神奇感受。

（一）公共图书馆数字资源共享体系建设现状

数字资源是信息资源的表现形式之一，是将计算机技术、通信技术及多媒体技术相互融合而形成的，以数字形式发布、存取、利用的信息资源为总和。作为一种新型信息资源，数字资源具有共享性强、信息量大、出版更新快、不受时空限制、形式多样、交互性强及检索功能强大等特点。图书馆数字资源的共建共享，是指各级各类图书馆根据用户对社会信息的需求，利用计算机、通信、电子、多媒体等先进的信息技术，通过网络对各馆馆藏信息资源和网络资源进行综合协作开发和利用的活动。

我国公共图书馆系统数字资源共建共享始于 20 世纪 50 年代。随着网络技术的发展，图书馆馆际协作以及数字图书馆建设不断深入，数字资源的共建共享开始步入快速发展的轨道。

全国文献信息资源共建共享协作会议通过了“资源共享，优势互补，互利互惠，自

愿参加”的协作框架模式，使图书馆之间的协作有了可操作性的指导意见。在文化和旅游部与财政部的支持下，全国文化信息资源共享工程建设正式启动。此共享工程是我国公共图书馆系统的文献信息资源共享工程，初步实现了优秀文化信息资源在全国范围内的共建共享。

同时，全国各地的数字图书馆建设暨数字资源共建共享工作也得到不断发展。上海地区公共、科研、高校、情报四大系统 19 家单位联合启动了上海市文献资源共建共享协作网，目前协作成员单位已扩大到 80 多家。山东、湖北、安徽、四川、广东等地的资源共享工作也取得了积极进展。国家数字图书馆本着“边建设、边服务”的原则，不断增加数字资源的种类和数量，扩大服务范围，开拓网上服务项目。同时，通过国家数字图书馆平台和全国文化信息资源共享平台将数字资源传输到全国各级基层图书馆，为公众提供服务。

（二）公共图书馆数字资源共享体系建设存在的主要问题

1. 共享数字资源的总量不足

各地公共图书馆只有加强地方特色资源及自身馆藏资源的建设，才能更好地为当地读者服务。由于资金、资源、人力的限制，它们对数字资源共享体系的建设显得心有余而力不足，这就导致共享数字资源在已建数字资源中所占比例偏低。

2. 共享数字资源的标准不统一

由于计算机技术及网络技术的不断发展以及读者需求的不断变化，不同时期建设的数字资源库应用环境、使用标准都不相同，即使同一时期建设的数字资源库由于采用标准不同，硬件平台、操作系统平台、网络服务器管理平台、数据库平台不同，也难以通用，这就使得读者查询不同数字资源库时必须采取不同方式，需要多次检索多个数字资源库才能找到自己需要的信息。共享数字资源的标准不统一，既浪费了读者的检索时间，也影响了资源库的利用率。

3. 共享数字资源的推广力度不够

公共图书馆的服务对象广泛，读者需求多样化。只有加大共享数字资源的推广力度，通过多种方式宣传、推广共享数字资源，才能让读者知道图书馆有哪些共享资源，才能让读者知道如何利用共享数字资源。目前，尽管公共文化共享网络体系初步建立，共享工程各级分中心和基层服务点已全面铺开，但是，共建共享资源推广力度依然有待加强。

4. 高素质人才缺乏

数字化资源的共建共享是一项庞大的工程，需要一大批既有图书馆学专业知识和外语知识，又掌握计算机网络知识和检索技能的专业人才。部分馆员专业技术水平较低，特别是经济欠发达地区的图书馆馆员的专业知识结构老化，严重阻碍了数字资源共享体系的发展。公共图书馆高素质人才的缺乏，是数字资源共享体系建设最大的瓶颈。

除此之外，数字资源共享还存在馆际协作缺乏有效的协调指导、收集加工的数字资源在知识产权方面缺乏必要的保护、资源共享的经费缺乏有效保障等问题。

（三）促进公共图书馆数字资源共享体系建设的对策

1. 建立健全数字资源共享管理体系

数字资源共享体系建设是一个多方合作的工程，需要成员馆共同协作才能发挥其作用。但是，各图书馆办馆规模大小不一，资金投入不均衡，对共享系统的贡献及需求有着较大差异，难免会产生一些分歧。同时，共享体系资源建设的过程中也会碰到一些具体的困难，单纯依靠各成员馆各自解决肯定是不可能的。

这就需要建立一个统一的管理协调机构，负责处理信息资源共建共享工作的筹备策划、资源资金的配置、工程的分工协同、义务的承担、权利的分配等问题。

2. 加强数字资源标准化与规范化

建设标准化与规范化资源是资源网络化和共享化的必备条件，没有资源的标准化与规范化，资源的共享根本就无法实现。数字资源标准化与规范化建设是一个庞大的体系，需要统一的标准化和规范化措施加以解决。

目前，共享体系建设已经提出了资源建设推荐使用的资源加工组、唯一标识符组、基本元数据组、开放建设组、总体框架组等10项标准规范目录，内容包含资源共建共享格式标准、数据库建设、资源共建的方法、资源共享的方式等建设过程中必备的各项基础规范与标准，其他一些标准化与规范化目录还在研制开发中。

在数字资源共享体系建设中，数字资源的标准化与规范化规则的制定和落实，是实现数字资源共享的必要条件，各地公共图书馆要严格按照国家制定的标准化与规范化目录来开展图书馆资源共享体系建设，以保证数字资源和应用平台能够相互兼容、识别和传递，方便读者的使用、成员馆的共享与资源的推广。

3. 加大数据库建设力度，夯实资源共享基础

数据库建设是公共图书馆资源共享体系建设的基础。公共图书馆应进一步加强特色数据库建设，大力开发馆藏地方文献信息资源，建设多形式、多类型的地方特色数据库，以丰富共享数字资源，最大限度地满足读者的需求。如四川省乐山市图书馆重点建设了乐山文化人物数据库、乐山书画艺术数据库、郭沫若研究数据库、“三苏”（苏洵、苏轼、苏辙）研究数据库、乐山大佛——峨眉山世界双遗产资源数据库，通过共享系统实现了数字资源的共享。

4. 加强区域性数字资源共建共享网络建设

目前，我国公共图书馆资源共享网络基本上是由国家主导的数字资源共享网络为主，作为主体网络有效补充的区域性资源共享网络并不成熟，区域文化资源的共建共享还不普遍。可以以省级图书馆为龙头，联合各市级图书馆，以县级图书馆为重点，开发形成以省、市、县三级区域化资源共建共享网络体系，这既可以促进地方特色文化资源建设，又有利于资源共建共享工作的开展。在此基础上，横向联合其他省级区域网或纵向联合其他图书馆系统的省内区域网，形成更广泛的数字资源共享网络，实现更大范围内的数字资源的共

享，为社会提供更好的服务。

5. 加强馆员培训提高馆员技能

公共图书馆数字资源共享工作是一项艰巨而又长期的工作，既需要掌握图书馆业务知识的人才，又需要掌握计算机使用、网络维护、数据库设计等知识的人才。加强对资源共享体系建设工作人员的培训是推进数字资源共享工作必不可少的手段之一。

公共图书馆要有针对性地举办各种技能培训班，对馆员进行系统软件的开发、设计和制作等培训，利用网络、视频等远程教学手段，切实提高业务人员的技能水平，促进数字资源共建共享的发展。如共享工程江西省分中心按照国家管理中心的要求，多次组织该省11个区市级支中心、65个县级支中心以及部分乡镇服务点的技术人员，开展设备远程技术培训，提高了他们的服务技能。

6. 建立图书馆资源共建共享法律保障体系

图书馆资源共建共享的开展需要各个图书馆的协作与配合，同时又对各个图书馆的利益产生了一定的影响。为了协调各个图书馆的利益和明确各个图书馆的职责，保证数字资源共享建设的顺利发展，需要制定相应的政策法规，规范各方面的义务与权利。

只有建立完善的图书馆资源共建共享法律保障体系，才能保证资源共享体系建设所需的经费得到落实，明确各成员馆的权利和义务，建立良好的资源共享运行机制，才能解决共享工作中涉及的如知识产权等法律问题。

公共图书馆资源共享体系建设是社会发展的必然要求，也是公共图书馆自身存在和发展的需要，更是满足读者信息需求的需要。公共图书馆以文献信息服务于公众，以推广教育、传播文化、提供信息为主要功能。公共图书馆数字资源共享是新形势下构建公共文化服务体系、惠及千家万户的一项重要文化基础工程。公共图书馆的同人应统一思想，树立文献资源共享的大局意识，明确数字资源共享的目标，充分利用系统内的技术力量优势、网络环境优势、人才资源优势，积极主动地将本馆的文献信息资源纳入共享体系中，为推进社会主义文化大发展大繁荣、提高广大人民群众的科学文化素质做出应有的贡献。

第五章 公共图书馆参考咨询工作

第一节 公共图书馆参考咨询服务体系的构建

公共图书馆中的藏书资源及软硬件设备较多，同时还配备专业化的决策咨询人员，充分体现了公共图书馆的优势。图书馆在长期的建立和发展下，在资源服务手段、平台、人才和资源建设等方面都已经取得了显著的成就，但是构建的决策自选服务开展不深入，提供的信息不齐全，导致很多商业性咨询机构、学术信息团体开始进入市场中发展，图书馆开始面临严重的危机，必须快速构建其参考咨询服务体系，发挥公共图书馆的作用，满足人们的需求。

一、公共图书馆参考咨询服务体系的特征和模式

（一）公共图书馆的特征

1. 服务对象具有针对性

公共图书馆参考咨询服务体系主要为各级党政机关及相关学术机构提供服务。政府机关主要体现在决策职能方面，如果公共图书馆提供的参考出现错误，就会给社会与政府部门造成巨大损失，严重时还会影响人们的正常生活。随着社会环境的变化，政府决策问题开始向多样化发展，进行的决策不能仅仅依赖决策者主观经验进行判断，必须参考相关机构和单位提供的决策建议，提高决策的针对性。

2. 知识服务系统性特征

决策咨询服务就是以知识服务满足人们的实际需求，是一种新型服务模式，主要利用“信息服务”满足人们需求，工作更为系统，可以从用户需求方面筛选信息，形成系统化决策信息。

3. 信息“时效性”特征

在高效率信息时代只有保证信息的时效性，才能满足信息需求，保证给决策人员提供的信息具有前瞻性，可以在一段时间内发挥作用。

4. 提供的决策咨询信息必须可靠

现阶段，信息资源来源面越来越广，各类信息鱼龙混杂，为了提高决策的质量，必须

对公共图书馆所有信息进行筛选，确保信息的真实性。

（二）公共图书馆的模式

图书馆决策服务模式从单一化向多元化发展。

1. 传统参考咨询服务模式

馆员与用户交流时主要采取电话和面对面咨询。面对面咨询方式出现得较早，可以让馆员给图书馆外部用户提供信息服务，优点是交流方便，但会出现信息延误问题。电话咨询是用户不能亲临图书馆进行的参考咨询服务，特点是应用较广，但必须要有相关软件支持。

2. 虚拟决策咨询服务模式

虚拟决策咨询服务模式可以借助网络或计算机技术实现。一种实现方式是利用电子邮件链接，图书馆在网站上设置电子邮件链接，用户直接与专业决策人员进行交流获得沟通和交流。另一种是建立虚拟参考咨询，主要进行视频咨询、在线咨询和同步浏览咨询。最后一种是常见问题解答，主要进行图书馆服务流程、专题检索和查找资料。

二、公共图书馆考察咨询服务

环境信息资源、技术平台和人员是保证公共图书馆决策咨询服务实现的主要环境。

（一）实现信息资源数字化

按照资源类型可以将信息资源分为纸质资源和数字化资源。实现资源数字化可以借助知识库构建方式完成，根据图书馆实际建立状况实现，保证信息及时性和全面性。纸质资源可以利用购买等方式实现。

（二）技术平台实现共享化

技术平台必须满足以下几方面条件：一方面，实现用户与用户之间的网络交互，构建虚拟交流情境，给用户提供电子期刊和网络数据服务；另一方面，方便快捷。借助专业参考迅速检索相关信息资源，分类并整理信息，给用户提供准确决策。最后一方面，实现公共图书馆与国家馆的合作，提供专业技术支持，各个馆共同开展考察咨询服务。

（三）技术人员专业化

技术人员主要是指进行专业服务的参考咨询员，这些人员必须具备熟悉馆内图书资源信息，可以快速帮助用户检索到相关资源，分类、整理并形成系统化决策产品；掌握先进的技术和操作水平，完成馆内虚拟对话，掌握各种信息资源处理方法，促进参考咨询工作的开展；保持不断学习，及时更新操作方式和观念，符合时代发展要求。

三、构建公共图书馆参考咨询服务体系

（一）资源建设

进行资源建设时，主要进行网络信息资源、图书馆信息资源和其他信息资源建设。根据本馆特色充分挖掘符合时代发展、具有特色的资源，给公共图书馆提供服务，并与其他图书馆加强联系，实现图书馆的共享，避免出现重复建设。进行网络资源建设时，必须合理配置资源，利用资源整合和优化方式发挥资源的作用。一般公共图书馆主要利用招标采购、自己购置及自建数据库等方式提高数据库信息质量，满足用户多渠道信息需求。还可以利用信息资源整合，形成统一标准，统一检索和统一界面，提高信息资源整合率。

（二）技术应用

利用技术可以保证参考咨询工作的开展，保证了决策质量，提高了工作效率。第一，使用导航数据库技术，让专业决策资源借助网上链接查询与决策相关的信息，并及时向用户公布连接网址，让用户进行检索并得到自己想要的信息资源；第二，使用数据库挖掘技术，专业决策人员可以借助网络与相关决策者进行有效知识的挖掘，并根据知识内容完成知识的二次构建，方便用户查找信息。第三，使用搜索引擎技术建立搜索数据库，帮助决策人员快速找到决策信息。同时还可以将多种先进的技术手段应用到决策信息查找中，促进参考咨询服务工作的开展。

（三）加强人才建设

图书馆人员不仅要具有先进的现代化技术，同时还要掌握图书馆检索技能，具备相关领域的知识，给参考员队伍建设提供保证，同时积极做好公共图书馆人员引进和培养工作。首先，根据图书馆发展需求不断引进先进的专业化人才，优化人员队伍；其次，完成人员队伍结构，建立合理的人才培养规划，鼓励人员树立终身学习理念，利用多种方式加强学习。

（四）建立反馈评估

图书馆反馈评估主要包括以下两部分内容；第一，“服务结果”。根据服务结果判断提供的服务是否可以满足人们的信息需求，并对信息全面具体和准确性进行评定；第二，“服务过程”。主要衡量用户是否对服务中涉及的相关因素满意，可以从服务态度、服务友好等方面进行评定。只有正确认识并看淡决策反馈工作，才能提高服务质量，减少服务信息滞后问题。

四、公共图书馆决策咨询服务体系建设的服务分析

（一）多元化与主动性结合服务

当前图书馆信息资源与载体都已经发生了巨大变化，开始向多元化发展，咨询方式也

开始呈现出多元化发展特征。这些特征都表示了咨询服务工作的创造性。实施主动性无误可以促进公共图书馆参考服务向新局面发展。同时还可以利用自身优势，积极整合资源。

（二）一对多与个性化服务

图书馆服务现阶段已经开始从一对一向一对多发展，提高了图书馆参考的广度和深度。为了更好地满足用户对决策信息的期待，可以实施个性化信息服务，让用户全面地获得所需信息。所以，图书馆实施“一对多服务”中，必须落实个性化服务，构建多样化信息服务环境，让用户得到个性化服务。

图书馆承担着给各级党政机关提供参考咨询服务的任务，在新时期下，必须利用信息技术和资源构建技术化平台，利用专业化决策给用户提供多样化、个性化的服务，打破传统服务模式的困境，构建科学化决策咨询体系，促进公共图书馆的建设和发展。

第二节　公共图书馆参考咨询档案收集与管理

参考咨询是图书馆员为读者在利用文献和找寻知识、情报过程中提供帮助的活动。以协助检索、解答咨询和专题文献报道等方式向读者提供事实、数据和文献线索。参考咨询工作作为图书馆业务的核心部分，其直接代表着图书馆读者服务的发展方向。参考咨询档案指的是图书馆参考咨询工作原始记录的各种资料，包括咨询内容的学科范围，查找路径和方法，检索的主题和关键词，资料来源（含数据库、馆藏资料、网络资源等）及检索结果等信息。作为一种文献档案，参考咨询档案本身蕴藏着极为宝贵的资源，加强图书馆参考咨询档案的收集与整理有利于图书馆工作的开展。美国是现代图书馆参考咨询工作的发源地，从 19 世纪末开始，许多美国图书馆便非常重视参考咨询资料的积累。参考咨询档案管理工作对图书馆咨询工作的影响巨大，然而，在我国，因为各方面原因，图书馆参考咨询档案收集与管理工作仍然存在一些不足，如何改善这些不足，为广大用户提供更好的信息服务，是值得我们认真思考和解决的一个重要课题。

一、公共图书馆参考咨询档案收集与管理现状

（一）重视程度不足

因为图书馆本身对参考咨询档案收集与管理工作没有达成共识，大部分图书馆对该项工作的重视程度不足，一些图书馆仅仅开展原始记录而不进行整理保存，使大量的参考咨询资源存在流失的现象；部分图书馆虽然构建了原始档案记录，但没有进行档案分类管理，导致检索极为繁杂。上述情况不仅制约了图书馆参考咨询档案管理工作的开展，同时也对图书馆参考咨询工作造成了不良影响。

（二）仍旧以传统收集模式为主

部分图书馆针对读者的需求与咨询内容仍旧沿用手头登记的模式来开展，针对部分特定咨询的情况无法开展数据统计与质量分析，因为记录不够规范，查找路径、主题、关键词、参考和检索过的文献资料没有及时记录下来，导致收集与记录不够完善，到需要的时候，往往难以提供有效的资料。

（三）管理流程不够规范

各个图书馆针对参考咨询档案的收集与整理工作存在自成一体、各自为政、程序各异以及水平不一的现象。一方面，部分图书馆参考咨询档案并没有设置固定存放空间，管理流程不够规范；另一方面，一些图书馆参考咨询档案的信息描述与信息组织方面连最为基本的项目字段、表格都没有进行统一要求，管理极为混乱。

（四）缺乏专业收集与整理档案队伍

部分基层图书馆因为人力资源的短缺，参考咨询档案收集与管理工作基本都是安排兼职人员，缺乏专业收集与整理档案队伍，导致队伍整体素质参差不齐，难以保证档案规范立卷、归档。

二、优化措施与建议

（一）加强参考咨询档案认知

要想加强图书馆参考咨询档案收集与管理工作，必须要从思想层面加强参考咨询档案的认知，在图书馆内部树立参考咨询档案存档意识与良好习惯。这就需要各个图书馆基于自身实际情况，在内部建立一套行之有效的参考咨询档案管理体系，从而有效保障参考咨询档案的安全性与完整性，保障参考咨询档案收集与管理工作得到有效落实。

（二）提升参考咨询档案信息化水平

随着计算机技术在图书馆的普及与应用，越来越多的图书馆开始利用计算机对参考咨询档案进行科学管理。要利用计算机管理咨询档案，首先，要选择一个好的咨询业务应用软件，要求系统功能通用性好，数据结构规范，能联网运行。其次，要自建一个咨询档案数据库，将参考咨询档案的材料进行数字化处理，对解决咨询问题所产生的信息资源进行合理整序，按类别存储。再次，将了解到的读者常见的、共性的问题及答案汇总整理，并建成一个知识咨询库。比如，图书馆档案管理部门可以尝试选择软件企业设计针对性的档案管理软件，并设计相应的档案数据库，在数据库中形成具有自身特色的馆藏档案资料，类似参考咨询工具书、咨询业务培训教材以及图书馆服务宣传手册等相关内容，以此来帮助图书馆提升公众服务形象。

（三）建立规范化的流程管理

参考咨询档案只有在形成以后才完全进入真正意义层面的档案管理阶段。为有效解决当前参考咨询档案馆管理流程不规范的现状，使得参考咨询档案在各个生命周期的价值得以有效发挥，图书馆必须建立规范化的流程管理，主要包括以下几个环节：

1. 入档流程

图书馆每一项参考咨询业务相关材料都必须要安排该项业务负责人来进行收集与整理，等到参考咨询业务完成以后再把对应材料交给档案管理人员。档案管理人员则根据规章制度进行清点与验收，进行档案登记表填写，最后双方签字确认。

2. 审核流程

图书馆档案管理部门需要定期针对参考咨询档案开展查漏补缺。首先，必须要高度重视归档资料的原始性，防止部分档案管理人员为应付工作采用凭借记忆补写的方式归档材料。其次，针对参考咨询档案进行查漏补缺，能够在第一时间进行有保存价值材料的补充。

3. 调用流程

参考咨询档案本身的不同，其保密要求也存在一定的差异性，因此在调用的时候必须要严格根据保密级别进行管理。针对一般的参考咨询档案可以采用适当公开的方式，使得广大用户能够利用档案数据库直接检索对应的电子版。针对科技查新类型的参考咨询档案，因其具有极高的保密级别，一般五年内都不允许外借，五年前的档案资料则需要通过相关负责人签字批准，进行调用手续以后才能够调用，并且在归还的时候必须要进行细致、全面的检查，进一步保障档案资料的完整性。

（四）加大档案管理队伍培训力度

要想保障图书馆参考咨询档案管理工作的质量，就必须要提升档案管理队伍的综合素质，解决当前基层以兼职人员为主的状况，这就需要图书馆加大档案管理队伍培训力度，主动做好以下两个方面的工作：一方面，加大档案管理队伍的继续教育力度，通过主动开展多种类型的教育形式，包括讲座、委培、自学、同行交流等形式，积极进行参考咨询服务知识、档案管理专业知识、信息化专业知识的培训，全面提升档案管理队伍的专业水平、信息化水平。

图书馆参考咨询档案收集与管理工作是一项系统、全面的工程，需要针对当前工作中存在的不足进行系统的分析，制定有针对性的解决策略，做好图书馆参考咨询档案的收集与管理工作，开展特色化的信息咨询服务，促进图书馆参考咨询事业的发展，满足读者多元化、高层次的需求，更好地为社会服务。

第三节 从传统参考咨询服务到信息咨询服务的转型

近几年，随着人们对精神生活的逐渐重视，图书馆各个层次的参考服务质量也就逐渐提升。传统的参考咨询服务，由于信息的内容不够丰富，设备和技术的规格也不够完善，服务的方式也相对落后，难以满足读者以及广大受众的需求。因此需要相关部门加强对参考咨询服务的重视，抓住读者需求的变化和敏感性，逐渐丰富服务的内容，拓宽服务领域、使信息咨询服务的模式逐渐多样化，从而促进图书馆的未来发展。

一、传统参考咨询服务与信息咨询服务的概念

（一）传统参考咨询服务

传统参考咨询服务具体是指在图书馆管理工作中直接负责帮助读者寻找需要的资料，并利用图书馆资源参与学习，读者和广大的群众能够在海量的信息中提取到有用的信息，从而完成研究工作。

（二）信息咨询服务

所谓信息咨询服务是指在数字媒体网络之下，图书馆的管理员能够通过网络直接面对读者，帮助读者寻找其要找的资料，并充分利用馆内的网络信息资源、数字图书馆资源等等，解决实际的问题，也可以称为数字参考资源或者虚拟参考资源等等，是 90 年代之后才产生和发展的，并结合传统的参考咨询服务模式，利用在线客服在电子商务中的直接经验，通过参考咨询的平台，其中包括网络数字论坛、在线的聊天和互动以及专家服务咨询等模式，满足读者对信息的各项需求，从而形成一个完善的数据资源库，以方便读者的在线查询和访问，节省时间，也提升整个资源的利用效率。

二、传统参考咨询服务与信息咨询服务的比较

（一）参考咨询的主要内容

传统参考咨询的主要内容包括参考实际的工作以及解答咨询等两个方面的内容，延伸来讲，还将辅导读者、对用户的教育和培训、图书馆内的交流和借阅，以及对参考咨询的评价都纳入传统参考咨询服务的范畴当中。传统参考咨询服务的内容相对丰富，一般会分为对于具体书目的参考以及咨询解答两个方面的内容，同时将其概括为三种类型，指导性参考咨询、专题性参考咨询以及适时性参考咨询等等。信息咨询服务是将参考咨询的内容发布到网络的平台，借助计算机网络技术，将图书馆的介绍、各类图书的目录、专题性的解答以及整个数据库资源呈现在网络平台之上，帮助读者以及广大群众能够合理选择受众，

进行远程的信息检索和互动，随时关注信息的更新和流动，以能够第一时间找到适合自己并对自己有用的信息，从而扩大整个咨询服务的范围，使服务的质量能够更上一层楼。

（二）参考咨询服务的手段

传统参考咨询服务以手工的检索为主要手段，图书馆的工作人员通过翻阅参考的文献和工具书等方式，帮助读者解决信息咨询等方面的问题，再手工抄写形成固定的参考资料。这种传统的参考咨询服务模式，需要图书馆里人员利用大量的时间处理这些琐事，工作效率低，读者一般采取当面咨询、电话咨询、专家咨询以及函询等方式。信息咨询服务是利用网络计算机技术，由手工的操作向智能化转变。读者可以不必到达图书馆，通过电子邮件、在主页上留言以及关注微信、微博平台等方式就能直接咨询到有用的信息，通过多途径录入人声和图像，能够形成庞大而具体的数据库资源，用户可以在其中检索到需要的信息。同时随着网络技术的不断革新现代图书机构不仅能够为读者提供完整的数据单元，而且能够通过一定的付费等手段，实现全文阅读，咨询的结果也更加贴近读者的需求，从而不断优化咨询服务的效率。

（三）参考咨询服务的对象

传统参考咨询服务的对象具有一定的局限性，大多都只是对图书馆的内部读者开放，馆外的用户以及读者很少来咨询，因此各种类型的图书馆之间缺乏必要的联系，咨询提问的形式也相对单一，不够具体，数量也不多。传统的模式主要是面对面交流，往往也会受到图书馆工作人员的素质的限制，同时也会受到时间和地域的影响。信息咨询的服务对象随着网络技术的发展已经推广至全球，一个读者或是用户能够同时利用多个图书馆数据进行服务咨询，不会受到时间、空间、地域以及人群的限制，同时咨询提问的方式也逐渐拓宽，数量也就随之提升，不设上限。问题解决得及时、准确。一方面，能够提升整个图书馆信息咨询服务的质量，但另一个方面，一切咨询的流程全部在虚拟的情境下完成，人员之间缺乏交流和沟通，一些问题的咨询很难得到真正专家的解答，因此也会在一定程度上影响咨询的效果。

（四）对参考咨询服务人员的要求

传统的参考咨询服务对于工作人员的要求十分严格，需要其具备丰富的阅历和知识，并具有一定的经验。从具体的知识结构来看，需要图书馆的工作人员具备一定的目录知识以及文献基础知识，并且随着时代的发展，需要不断地变化和更新。具体来说，需要图书馆咨询人员具备良好的责任意识和信息意识，能够掌握基本的现代信息技术；需要有良好的沟通能力，能够在实际的人际交往中对答如流；能够敏锐地发现参考服务过程中存在的一些问题，并及时地上报改进；需要有一定的组织能力和反应能力，同时需要认真倾听读者和群众的反馈和咨询，作答时一定要实事求是，不能虚构事实。信息咨询服务依托现代信息技术，大量的信息咨询都是在网络上完成，只需要图书馆的管理人员输入一定的技术编码，计算机就能够根据读者实际的需求和咨询做出相应的答案，因此并不要需要耗费大量的人力资源，对工作人员素质的要求并不是很高，具备一定的计算机技术就能完成。

三、当前我国参考咨询服务体系中存在的问题

（一）信息源的范围相对较窄

读者所咨询的信息是多种多样的，但是我国大多数图书馆所拥有的信息源仅仅局限于馆藏的那一部分，其中主要包括字典、手册、专著、期刊、指南文献以及百科全书等等。在传统的咨询服务类型中，馆藏的文献数量越多，书籍的类型也就越齐全、其服务的能力也就越强，质量也就越高。但是这样就需要读者和亲自到图书馆进行借阅和咨询，这样不仅外地的读者很难享受这些资源，同时也会浪费大量的时间，一些珍贵的书籍资料，一位读者借阅之后，另一位读者需要待其还书之后才能借阅，也就是缺乏一定的时效性。同时这些资料的收集和珍藏也受时间和空间的限制，一旦发生意外情况，这些资料很可能会消失，如果图书馆的面积难以承受海量的信息资源，也会对读者的阅读造成一定的影响。

（二）参考咨询服务的手段相对单一

传统的参考咨询服务不仅需要工作人员具备完善的知识内涵和文化素养，还需要其具备一定的耐性和恒心，能够在第一时间满足读者的需求和愿望，能够准确及时地翻看卡片、书籍的目录以及文章内容，能够快速使用一些检索工具解决读者咨询的问题，从而使纸质文书归档，方便日后的查阅。这种传统的服务形式虽然从一定程度上能够满足读者的需求，但是服务的质量和效率往往会受到工作人员素质和水平的限制。同时整理和归档的工作又相对烦琐，并会耗费大量的时间，一些读者所咨询的问题又相对简单，因此工作人员大量的时间和精力都耗费在这样的问题上，久而久之，难以调动其工作的积极性，也会使参考咨询服务的质量下滑。

（三）不利于参考咨询服务的升级和转型

大多数行业都处于向现代化转型的关键性时期，图书馆中的参考咨询服务行业也不例外，因此为了适应社会的发展和时代的进步，需要努力开展当代图书馆咨询服务的改革，完善各项咨询服务的制度和规范，使其能够在社会化的发展之下运行。但是由于传统思想和技术的影响，我国各个阶层的图书管理人员并不能够从传统的咨询服务模式中跳出来，思想的禁锢、技术的落后以及管理机制运行不够规范等问题，严重影响了图书馆参考咨询服务质量，也为转型和进步带来的巨大的隐患。

四、向信息咨询服务模式转型的具体措施

（一）建立一个完整的咨询数据库

读者在寻求图书管理员帮助之前，先在数据库中搜索想要咨询的问题，如果能够搜寻出结果，那么会省去不少中间环节。因此需要图书管理人员建立一个方便检索的数据

资源库，要求界面清晰，问题常见，这也是信息参考咨询中的一个重要组成部分。同时建立一个类似的资源库，图书馆里人员也能够以此作为咨询的结果和依据，能够将检索的内容直接复制粘贴在咨询窗口，也省去了一定的时间，减少不必要的工作量，从而为读者提供便利。

（二）建立实时的信息参考服务模式

工作人员可以在图书馆的官方网页上设置实时的信息咨询窗口和链接，读者能够通过点击来与工作人员进行实时互动，从而提升信息咨询的实效性，其中在线的聊天是信息咨询参考服务的重要形式，虽然开展这样的实时互动需要一定的人力和费用，但是对读者来说，这样的模式能够更加便于对信息的掌控和搜索。首先，读者可以在家或是办公室就完成对话与图书馆信息的查阅，简单、方便；其次，读者在咨询的过程比较连贯，不会被电话咨询所打扰；最后，实时信息参考咨询模式也能够促进信息知识的实时共享，工作人员和管理员能够同时浏览同一网页，也方便管理员对读者进行搜索指导，从而更迅速地解决问题。

（三）强化信息网络建设

为了能够使咨询信息更加流通和便捷，需要解决由于网络问题所引发的咨询事故。因为依托信息技术的发展和延伸，建立一个综合性、全方位、多领域的数字化信息网络平台，使读者能够在第一时间搜索到对自己有用的信息，构建一个数字化的参考服务体系，使资源信息能够透明公开，全国各地的读者都能够在数字媒体中找到需要的信息，从而提升整个社会的工作效率。

（四）加强对于信息咨询参考的教育和普及功能

在网络环境的背景之下，面对复杂多变的信息资源，应该如何利用技术手段，减少读者检索的难度，提升整个信息咨询服务的质量，是图书馆管理人员需要考虑的问题。对此，参考咨询部门可以根据实际情况，为图书馆的工作人员甚至是读者，举办专门的讲座和培训班，制作特定的数据库使用指南和用户手册，为读者提供便利，同时也能够使图书馆信息咨询服务的职能得到有效发挥。

随着网络信息技术的普及和发展，图书馆的发展也需要做到与时俱进，传统的参考咨询服务体系已经不能满足广大读者对信息咨询的需求，因此需要向信息咨询服务模式逐渐转型，建立一个完整的咨询数据库，建立实时的信息参考服务模式，强化信息网络建设，加强对信息咨询参考的教育和普及功能。只有这样，才能满足读者对于信息资源的需求，从而提升图书馆参考咨询服务质量。

五、基于智库理念的图书馆参考咨询服务转型与建设

智库主要由不同学科领域的专业人士构成，功能在于通过深入研究政治、文化、经济

等内容，提供具有参考价值的咨询信息或决策依据。从性质方面分析，智库大致分为政府组织、高等院校和企业三类，满足了不同社会领域的咨询决策需求。图书馆是传播文化知识、整合文献资源的枢纽，不仅拥有丰富的文献储备，也拥有汇聚大量参考咨询信息的数据库，可以利用学科专家资源，为不同类型的用户提供多样化服务，如学术研究、参考咨询等。在数字技术应用领域不断拓展的背景下，信息资源的获取和利用更加频繁，也加大了图书馆参考咨询服务的需求。图书馆应该充分发挥自身的优势，通过与多学科专家合作，从智库理念角度探索参考咨询服务的转型方向，不断拓展图书馆的建设领域。

（一）智库理念对公共图书馆参考咨询服务的影响

1. 形势变化要求公共图书馆强化智库研究

在全球经济文化一体化背景下，各国的信息交流日益密切，由此引发的文化、政治矛盾增多，国际关系处理和公共事务管理中更加重视智库建设，也要求通过智库决策解决复杂的问题。随着信息技术的高速发展，各类数据信息的数量成倍增长，要想提高海量信息处理效率，企业和其他社会机构也迫切要求得到智库支持。加之多元化新媒体工具的应用，使得信息发布更加便捷、及时、准确，为图书馆提供了信息服务的新途径，也对图书馆参考咨询服务提出了更高的要求。互联网时代日益增长的智库建设需求，要求图书馆分析当前激烈的竞争形势，通过多方位研究明确智库建设的目标，以促进参考咨询服务转型。

2. 丰富的馆藏为智库建设提供基础

公共图书馆丰富的馆藏文献资源是开展学科研究的载体，也是构建专业化智库和提供科学决策依据的基本条件。随着我国信息化建设水平的不断提升，各地图书馆相继实现了信息互联，增进了学术交流与信息往来，也促进了图书馆文献资源共享。目前我国很多图书馆建立了专门的门户网站，并且根据馆藏资源门类构建了特色数据库，方便用户根据需求检索、查询学科信息，进一步提升了参考咨询的服务效率。同时互联网环境下图书馆更加注重对数据资源的采集、整合与加工，力求通过深入挖掘海量数据信息，获取更有价值的参考咨询服务内容，这也为构建专业智库奠定了基础。

3. 用户需求变化促使图书馆转变理念

智库理念的形成与发展，不仅改变了公共决策与参考咨询模式，也改变了智库用户的信息获取行为。当前人们可以利用移动网络获取大量信息，图书馆传统的服务功能日益弱化，更多的用户倾向于获取专业化信息，也增加了对智库参考咨询服务的需求。智库用户不仅要求图书馆能够迅速整合大量资源，提供更为准确、真实的参考咨询服务，也要求图书馆及时创新参考咨询服务模式。因此，图书馆作为智库建设的辅助机构，面对新环境下用户需求的新变化，应该立足实际寻求转变发展路径，有针对性地整合资源，为智库建设提供保障，更好地满足智库用户的信息需求，体现图书馆的参考咨询服务价值。

（二）基于智库理念的公共图书馆基本信息服务内容

公共图书馆承担着搜集、传递、整合信息资源的职能，本质上属于特色智库的资源供给机构，在智库研究中具有不可替代的作用。从智库用户需求角度分析，图书馆可以提供的基本信息服务模式包括采集智库成果、个性化信息推送等。

1. 采集智库成果

能否及时获取丰富、准确的数据信息，对于智库的建设最为关键：近年来，采集全球智库成果，获取更多数据信息也成为图书馆研究的热点。图书馆作为智库的重要支持者，在根据智库用户需求采集文献信息的同时，也要关注对智库成果的收集整理，尤其是及时获取反映社会热点的研究成果，进而满足智库的可持续发展要求。

2. 个性化信息推送

图书馆利用各种信息处理工具，获取并分析不同类型用户的信息习惯、信息行为和信息偏好，并且针对不同用户的特点制定个性化服务方案，提供满足个性化需求的信息服务，这就是个性化信息推送。图书馆以智库用户作为服务对象，根据这些用户的信息需求和个性特征，提供符合其爱好的信息工具、信息获取方式和信息资源。通过信息素养教育，让智库用户掌握馆藏资源分类、布局和内容排列方式，了解不同信息资源的加工处理方法，掌握不同信息系统的使用技巧，可以更好地为智库建设提供支持。此外，图书馆利用信息推送技术，分析智库用户群体的基本特征，建设智库用户需求模型，将图书馆资源与用户需求进行匹配，能够进一步提高信息服务效率。

3. 信息检索与分析

互联网时代信息数据呈指数倍增长，在借助信息技术获取大量信息的同时，也在产生形式多样的信息资源，使得信息环境变得更为复杂。对于智库用户而言，当前并不缺乏获取信息的途径，而是缺乏高效的信息检索、过滤和加工方式。而在智库建设方面，要求建设者了解信息来源，通过分析海量数据获取更多可靠、可用、优质的内容，体现信息资源的利用价值。图书馆员经过专业培训与长期的信息服务实践，拥有丰富的信息加工处理经验，掌握不同数据库的功能、检索方法和逻辑特征，熟悉不同数据资源的分析方法。能够为智库建设者提供指导，帮助获取更多有价值的信息，并将大量数据转换为情报和知识，更好地促进智库知识的生成和传播。

（三）基于智库理念的公共图书馆参考咨询服务转型方向

图书馆拥有稳定的人力资源结构、丰富的馆藏，以及多学科专家的智力支持，在智库建设方面具备得天独厚的优势。现阶段图书馆在借助智库理念开展基础服务的同时，要想提升参考咨询服务水平，应该将构建参考咨询智库作为转型方向，以为参考咨询服务提供坚实后盾。

1. 构建参考咨询知识库

图书馆参考咨询知识库是重要的信息储备系统，是参考咨询智库的知识载体，也是图书馆员与用户之间信息交互的纽带，主要包括知识检索、用户模块、问答加工处理模块、专家协同模块等。知识检索平台作为优化整合各类信息资源的子系统，能够整合馆藏与网络资源，实现馆藏资源优化，通过获取高度提炼的信息，为用户提供必要的信息服务。其中问答加工处理模块的作用在于记录用户提出的问题与相关解答，自动生成存储于知识库的问答档案，方便用户自行检索浏览。用户模块主要为用户提供信息咨询活动，用户通过信息检索界面登录后，可以与图书馆员在线交流，也可以自行检索问题答案，并结合自身知识储备修改问答档案。专家协同模块包含学科门类、研究领域、服务方式等内容，方便用户选择合适的专家解答疑惑，获取更加专业的指导，也为图书馆智库建设提供了人才保障。

2. 数据库资源的补充完善

图书馆实现馆藏资源信息化的关键，在于构建不同类型的数据库，不断开发、转化各类文献资源，体现自身的特色资源优势。作为参考咨询服务的领航者，图书馆通过多渠道收集信息并进行有序化处理，不断完善补充数据库资源，可为用户在数据海洋中获取有用信息提供便利，为智库决策提供资源储备，提升信息资源的利用价值。

3. 建立组织机构和管理机制

图书馆参考咨询服务若没有合理的管理机制和完善的组织机构，很难控制用户行为，势必影响参考咨询智库的运行效率，降低参考咨询服务质量。图书馆在参考咨询智库建设初期，就需要设置合理的组织结构和管理机制，尽快开展智库研究，探索智库建设与智库服务的有效途径。图书馆应该明确不同工作人员的权责，设置合理的管理制度，方便对智库用户进行管理，鼓励智库学者开展深入研究。在我国倡导大力建设特色智库的背景下，虽然部分图书馆在智库建设方面获得政府部门的支持，也能够协同高校或其他文化机构共同开展智库研究，但是参考咨询智库的构建并非易事。要求图书馆认真思考馆藏特色，以科学的规章制度约束馆员和用户行为，并通过印制刊物、发表文章等方式，强化用户对参考咨询服务的认知，获取更多用户的支持。

（四）基于智库理念的公共图书馆参考咨询服务拓展策略

图书馆建设参考咨询知识库，设置合理的管理机制，为参考咨询服务发展提供了新方向。在此基础上，要想真正拓展参考咨询服务领域，图书馆有必要从智库建设角度精准定位，适应市场化趋势，全方位拓展服务功能。

1. 从智库建设角度精准定位

大部分机构在拓展新业务过程中，都无法同时兼顾其他业务，这就有必要通过精确定位，选择最能凸显自身优势的领域。智库是辅助公共决策的研究性机构，涉及国际事务、公共关系管理等多方面的内容，不同的智库在人员构成、产出方式、研究领域方面存在差异，图书馆应尽量选择自己擅长的领域进行智库研究，通过对相关研究成果的长期关注，发现全新的知识与服务方式。影响图书馆参考咨询智库建设的因素较多，包括法律、文化、服务对象等。在确立向智库转型的参考咨询服务定位时，应该充分考虑智库建设的影响因素，根据服务对象、人力资源、法律制度等进行综合分析，结合本地社会经济发展状况确立发展对策，构建完善的组织管理架构，拓展智库研究范围，更好地发挥参考咨询服务的作用。

2. 全方位拓展服务功能

互联网时代提供多元化服务是图书馆转型发展的前提，图书馆可以通过文献资源定制、教育培训、商业信息获取以及开展丰富的文化活动，积极拓展参考咨询服务领域。图书馆传统的参考咨询服务以图书借阅为主，随着服务功能的不断演变，图书馆员应该改变被动接受用户咨询的服务方式，积极利用智库获取用户信息，不断调整参考咨询服务模式，不断拓展参考咨询服务功能。图书馆可以引进先进信息技术，借助微博、微信等新媒体开展参考咨询业务，满足用户对智库咨询的及时性要求，提升参考咨询服务效率。例如，上海图书馆通过微信公众号提供信息咨询、教育培训等服务，在没有任何推广的情况下，用户人数迅速增多，迄今已为两万多人提供了免费咨询服务。

3. 借鉴市场营销理论

随着全球经济文化一体化的不断推进，大量外资或独资企业涌入我国，在刺激本土企业发展的同时，也形成更加激烈的市场竞争环境。很多企业为在激烈的竞争形势下站稳脚跟，不得不在分析市场规律的基础上制定科学决策，努力拓展市场份额。同理，面对智库理念的巨大冲击，图书馆要想拓展参考咨询服务范围，就需要借助市场化理论，向社会各界人士提供广泛的参考咨询服务，实现馆藏资源的最大化利用。作为信息资源服务中心，图书馆应以用户需求为导向，发挥参考咨询智库的优势，借鉴市场营销理论拓展服务范围。由于一个完整的营销过程包括客户挖掘、服务推广、服务内容设计等环节，图书馆要想吸引更多用户，就需要在每个环节做好市场营销工作，让智库理念深入人心，以赢得更多用户的支持。

智库是国家软实力的重要体现，也是公共管理和政府决策的有力工具。图书馆基于智库理念开展参考咨询服务，探索参考咨询服务的新模式，首先需要做好智库成果收集与人力资源建设工作。同时图书馆应该充分利用各类先进技术，与其他机构合作构建参考咨询智库，全面拓展参考咨询服务功能，以便更好地迎接信息环境下的新挑战。

第四节　数字化背景下的公共图书馆参考咨询服务

一、国内公共图书馆实行数字化参考咨询服务的探讨

随着数字化信息环境的日益普及，作为图书馆信息服务重要内容之一的传统参考咨询服务受到了极大挑战。面对挑战，20 世纪 80 年代初，国外图书情报界率先开发了数字化参考咨询服务，目前已广泛利用软件开展实时交互服务，并启动了基于网络化合作的数字

参考咨询服务。国内图书馆由于技术条件的制约以及人们主观认识上的限制，真正意义上的数字化参考咨询服务尚处于起步阶段。

数字化参考咨询服务（以下简称 DRS），是一种以人力资源为媒介、基于因特网的信息服务形式。区别于传统图书馆的参考咨询服务，DRS 最显著的特征是用户的提问和咨询专家的回答以基于因特网的各种电子方式进行，包括各种交互式的网络工具：电子邮件（E-mail）、电子公告板（BBS）论坛、网络寻呼机（ICQ）、网络聊天室（IRC）、桌面视频会议（DVC）等。其核心是在一种分布式信息网络中，具有特定知识和技能的“咨询专家”对用户的个性化服务。突破了传统参考咨询服务时间和空间的限制，可以在任意时刻获取或提供信息，因而是一种更为灵活的、个性化的信息服务和信息获取方式。

（一）国外公共图书馆数字化参考咨询服务实践

美国马里兰大学健康服务图书馆率先推出了“参考服务的电子化访问”的服务项目，是世界上第一个走向在线化的数字参考服务。目前，DRS 在国外图书馆已得到广泛应用。追溯数字化参考咨询服务的发展历程，国外提供 DRS 的服务方式主要分为：异步服务、实时交互服务以及网络化合作参考咨询服务三大类。

1. 异步服务

这是数字化参考咨询服务最简单和最流行的形式，目前主要采用 E-mail、FAQ（常见问题解答）等几种方式及其结合来实现。通常的做法是在图书情报机构网站主页或某个网页上设立“参考咨询”或“询问图书馆员”链接。在美国，几乎每个大学图书馆的网站上都有链接，是图书馆的数字参考窗口，读者可以用电子邮件、Web 咨询表等形式提交请求，并登记请求人姓名、单位、电子邮件、咨询问题、已知信息线索等等，图书馆工作人员收到读者请求后，一般以电子邮件方式将答案发送给用户，通常是当天答复，并规定一般不超过 48 小时，大学图书馆平均每月 300 多个参考咨询。

异步服务的突出特点是简单易行，但也存在若干问题，如：用户必须拥有电子邮件地址才能接收咨询答案，从而将部分用户排除在外。最大的问题是异步处理，用户与咨询人员间缺乏实时交流，咨询效果的好坏不能得到及时反馈。

2. 实时交互服务

为了在数字化参考咨询中保持传统面对面咨询中实时交互的优点，国外图书馆界开发了基于因特网的实时交互式数字化参考咨询服务，目前采用的形式主要有：网络聊天室、网络白板、网络视频会议、网络寻呼中心等。

上述各类基于实时交互技术的数字化参考咨询服务，极大地提高了咨询服务质量，尤其是网络客户呼叫中心这类软件支持网页和应用共享，能有效支持远程的复杂咨询和用户培训，但也存在着诸如咨询人员的合理配置以及培训、技术和经济运行条件的保障以及咨询过程中用户行为随意性的控制等问题，都有待进一步解决。

3. 网络化合作参考咨询服务

电子邮件和聊天参考咨询等服务方式的方便性很容易带来咨询请求量的急剧增加。学科交叉、地域差异、语言类别、文化背景等的复杂性带来了信息需求的繁杂和多样性。

同时由于人员限制，单个图书馆实际上很难做到24小时咨询服务，为了更好地满足全球所有用户的需求，出现了网络化的合作参考咨询服务，由多个成员机构联合起来形成一个分布式的虚拟数字参考服务网络，向更大范围的网络用户提供数字参考服务。

目前最具代表性的网络化合作咨询服务系统是美国图书馆启动的“合作数字参考咨询服务”计划（简称CDRS）包括专业、学术、公共和国家等各类型的20多个成员馆和6个组织参加了这一国际性的图书馆数字参考服务项目，CDRS定义了参加者的目标和职责，建立了主要部分的日程安排，定义了服务的参数。在CDRS系统中，用户通过自己所在成员馆网页上的咨询服务链接，按照统一表单提出咨询问题，当提问超出本地图书馆的服务范围时，提问被转送给CDRS的请求管理器，请求管理器根据问题性质和用户情况自动检索成员馆数据库，根据工作时区、资源特点、学科优势等来选择最合适的图书馆，将咨询问题以电子邮件传给该馆。咨询问题的解答也将通过管理器传回给最初接受问题的图书馆并传给用户，同时咨询问题和相应答案编辑进入知识库，知识库可供请求管理器直接检索；请求管理器还能跟踪咨询解答过程，掌握问题被解答状态，所得到的有关数据用于进一步的统计、管理。

目前，美国图书馆与OCLC合作主持，推出Question Point全球合作参考系统。该系统分为地区部分和全球部分，每部分都包括问题管理、知识库、成员馆简介信息通讯选项。读者可通过咨询表、电子邮件、网上聊天、声音和视频传递请求，由请求管理器进行请求分配。答案返回需求者，同时请求和答案编辑进入知识库，知识库可供成员馆查询。Question Point全球合作参考系统是收费服务，目前我国的清华大学、北京大学和上海交通大学图书馆参加了这一合作项目。

CDRS的这一工作机制有效地实现了信息资源、人力资源、服务资源等的最优化共享与利用，是未来数字图书馆咨询服务的重要模式。

（二）国内公共图书馆数字化参考咨询服务实践

与国外图书馆相比，国内图书馆大多在最近一两年内开始设立数字化参考咨询服务项目，服务手段从整体上来看处于DRS的初级起步阶段，主要的服务方式有以下几种：

1. 以电子邮件等为主要手段提供的数字化参考咨询服务

这是目前国内图书馆界采用最多的一种数字化参考咨询服务方式，以电子邮件交流信息为主，兼顾其他如BBS留言板、FAQ等通常的做法是在图书馆的主页上设立相应内容的链接，通过链接，将咨询问题以电子邮件等方式发送给相关咨询人员，咨询人员也主要以电子邮件方式将答案发送给读者。

综观图书馆的数字化参考咨询服务方式，尽管名称和形式各异，但都体现了DRS数字化、个性化以及方便性的特点，咨询内容以利用图书馆及其馆藏资源时遇到的各种问题为主，也包括读者推荐书、意见和建议等，许多图书馆还提出了明确的服务承诺，但服务对象大多限定在本馆读者。

2. 利用各种软件的实时交流方式

在实时互动的数字化参考咨询发展趋势下，目前国内有少数图书馆已开始尝试利用各类软件技术开展这方面的服务，例如：上海交通大学图书馆采用自行开发的类似聊天室及相关技术的软件为校内外读者提供多样化的咨询服务；西安交通大学钱学森图书馆采用BBS为读者解答所有与图书馆利用有关的问题；北京大学图书馆采用软件为用户提供实时在线问答咨询，用户在统一的界面下递交咨询请求，并等待咨询人员解答，咨询结果通过电子邮件传递给用户。但由于技术等方面的原因，加上没有可借鉴的模式，基于实时交互技术的数字化参考咨询服务，目前在国内图书馆界发展和普及速度缓慢。

3. 合作化的数字参考咨询服务

尽管由于客观原因和人们主观认识上的限制，数字化参考咨询服务在国内尚未达成完全的共识，但可喜的是，随着越来越多的有识之士认识到其重要性，国内合作化的数字参考咨询服务已有了一个良好的开端，其中上海图书馆推出的"网上联合知识导航站"开创了国内合作化数字参考咨询服务的先河。该项目在初步实现了上海市文献资源共建共享的基础之上采用了一种合作化的专家服务模式，由上海图书馆牵头，联合上海交通大学图书馆、复旦大学图书馆、华东师范大学图书馆、同济大学图书馆、上海社会科学研究院图书馆、中科院上海文献情报中心的16位长期从事情报与参考咨询服务工作的中青年参考馆员骨干形成分布式的虚拟参考专家网络，每位专家负责若干专题的咨询问题解答，用户在上海图书馆提供的统一界面下根据专家介绍，自行指定某一位专家，以表单形式进行提问并回答问题，在用户与专家进行提问与回答的同时，上海图书馆中心数据库也能收到提问与回答信息并进行提问与回答的监控管理，导航站管理中心同时提供已有问答的数据库供用户参考。这是在国内率先推出的旨在向各行各业读者提供高质量专业参考、知识导航的新型服务项目，此项服务开展5个月后，就接收了170多个提问并做出了回答，收到了良好的效果。但此项服务目前还只是基于E-mail方式，而非实时交互式服务。

（三）关于国内DRS实践的一些特点

1. 服务手段和方式

国内图书馆界开展的DRS服务尽管名称各异，但服务方式大体相似，即主要采用E-mail、FAQ、表单等异步服务形式，所建立的有关咨询问答数据库，目前只有北京大学图书馆和上海交通大学图书馆的FAQ可按关键词检索，其他图书馆的咨询问答数据库基本上都不具备检索的功能，同国外图书馆已经迈入实时咨询服务阶段相比，国内DRS的实践还处于初级阶段。

2. 服务开展的时间和普及面

一方面，国内大多数图书馆都是在最近一两年才开始设立 DRS 服务项目，另一方面，从开展此项服务的图书馆数量来看，DRS 还没有被国内图书馆普遍认识和接受，据对国内近 300 所高校图书馆的统计显示，在图书馆的一级主页上设有网上咨询相关栏目的图书馆不足 20 所。

3. 服务内容和对象

国内图书馆界的 DRS 服务内容基本上是指导用户利用图书馆的各项服务，以馆藏分布与资源利用咨询及图书馆有关规章制度咨询为主，还包括文献检索和课题咨询等，服务对象一般局限于本单位用户，采用 IP 地址控制的方式加以限定。

4. 服务人员和部门设置

以高校为例，国内图书馆界从事 DRS 的部门，一般设在信息咨询部，咨询人员一般具备本校学科专业或图书情报专业背景，人员层次相对于其他业务部门较高，这主要与 DRS 对从业人员素质要求较高有关。信息咨询部的业务工作往往还包括文献检索教学、课题查新等，这主要由于受国内 DRS 服务内容、方式等限制，导致咨询问题数量不多。

（四）关于国内图书馆界数字化参考咨询服务的思考

1. 进一步提高对 DRS 的认识

传统图书馆，无论是馆藏建设，还是资源的组织、加工与处理等，都是围绕读者服务这一中心而展开的，同样，数字图书馆的建设，在经历了资源的数字化转换、数字资源的组织与描述以及所涉及大量相关技术的研究与实践之后，数字图书馆的公共服务必定要提上议事日程，其中数字化参考服务便是不容忽视的一个方面，因此可以说，数字化参考服务是数字图书馆建设的一个重要组成部分。

网络环境下，用户需要的是一种不受时间和空间限制的、对包括数字资源在内的各种信息与知识资源进行方便获取的服务，一方面，用户可以全天候 24 小时向咨询馆员发送问题或提出咨询请求，咨询馆员也可以在任何时候向用户反馈咨询结果；另一方面，用户不论身在何处，只要按照规定的程序和途径履行相应的义务，都可以享受图书馆或其他信息服务机构通过网络提供的信息咨询服务。因此，从最大限度地满足用户信息需求这一图书馆根本服务理念来看，DRS 是数字时代图书馆公共服务的一个不可忽视的重要组成部分，可以有效弥补传统图书馆服务方式的局限，从而与图书馆现有服务有效融合。

2. 服务方式的选择

在 DRS 服务方式的选择上，采用异步还是实时交互，采用 E-mail、FAQ、ICQ 等，还是几种方式的结合，既要借鉴和学习国内外图书馆开展 DRS 的实践经验，又要立足于本馆的服务主体和具体情况，制定切实可行的发展策略。

目前我国大多数图书馆面临各种复杂的情况，经受着多重任务的压力。既要继续收集印刷型出版物，又要收集电子型出版物；既要发挥传统的图书馆借阅流通传递服务，又要提供网络检索服务以及知识导航服务。从图书馆自动化方面看，大部分图书馆处在实现内部业务管理自动化阶段，部分图书馆处在向以网络为基础的文献信息服务自动化过渡阶段，一些大型图书馆正在尝试进入数字图书馆阶段。因此，对大多数中小型图书馆而言，开展实时交互的 DRS 服务的人员、资源、经费、技术等条件还不具备，在这种情况下，可以基于 E-mail，FAQ、Webform 等形式的异步 DRS 服务为主，将数字化参考咨询与传统参考咨询相结合，为网络环境下的读者提供服务；对于目前一些软、硬件条件较好，人员素质较高的大型图书馆，应更多地借鉴国外图书馆界的成功经验，并结合国内实际，开展以软件为支撑的实时交互的 DRS 服务，并逐步向网络合作化方向发展。

3. 服务组织和人员配置

数字化参考咨询服务以图书馆的馆藏资源为基础，以因特网的丰富信息资源和各种信息搜寻技术为依托，对参考咨询馆员提出了更高的要求。一方面，咨询问题种类繁多，覆盖面广，除了有关图书馆利用、资源查找、文献线索等问题外，还涉及数据库检索、网络硬件故障、软件使用等方面；另一方面，随着读者利用图书馆能力的逐步提高，咨询问题的深度进一步加深，许多问题甚至涉及一定深度的专业知识。因此，单靠咨询馆员的个人知识已无法解答用户的各种咨询，在此情况下，各图书馆根据自己的馆藏情况、专业特色，除设立专业部门从事数字化参考咨询服务外，还应配备若干“兼职”的特色专家咨询员，包括本馆各部门的业务骨干以及具有本馆特色馆藏专业背景的专家学者。通过网络互连，将各个分散的咨询专家包容在一个统一的联机咨询系统中，从而更好地为用户提供内容广、保证率高、准确及时的咨询服务。

数字化参考咨询服务是一个典型的多种资源集成的服务，DRS 的最终目标是在整个数字化空间中的资源共享、专家共享、服务共享，从这个意义上说，DRS 最终要走向合作。而合作所涉及的不仅仅是技术问题，更多的是如何准确界定各成员馆的咨询资源和优势、详细定义和规范服务协作协议、建立合适的补偿机制等。因此，合作化的 DRS 服务更需要从服务组织上作为一个资源共享、专家共享、服务共享的项目来运作。在这里，中华人民共和国教育部的 CALIS 以及各省市的文献保障体系，已经在联机联合编目、网络数据共建共享以及馆际互借等服务方面取得了较大的成效，若将 DRS 服务也作为一个资源共享项目，真正列入其中，在各个层次上分别加以组织实施，相信一定能极大地推动国内 DRS 服务的发展。

总之，数字化参考咨询服务虽然在国内起步较晚，但随着我国数字图书馆进程的进一步发展，必将逐步成为未来图书馆的核心服务内容。各图书馆既要积极跟踪研究国际最新发展趋势，又要根据各馆实际，选择适宜的服务模式，从而提供多层次、主动化、个性化、高质量、全程式的咨询服务，以满足网络时代用户的信息需求。

二、虚拟参考咨询多元化服务模式

多元化概念不仅不陌生，甚至已经有点轻车熟路。多元化经营、多元化市场、多元化风格、多元化人才等等。多元化的简要定义是，任何在某种程度上相似但有所不同的人员的组合。虚拟参考咨询多元化服务模式可以理解为任何在某种程度上相似但有所不同的虚拟参考咨询服务方式的组合。尝试从多元化的角度思考虚拟参考咨询服务方式的拓展，结合符合国情、馆情的模式与技术，向用户提供多元化的虚拟参考咨询服务模式，以期推动虚拟参考咨询稳定、可持续的发展。

（一）上网图书馆设置虚拟参考咨询项目分析

中国科学院文献情报中心站点“网上咨询台”服务方式采用了图文互动，包括“提新问题”“电话和 E-mail 咨询”“FAQ”“实时咨询”“咨询馆员”与“浏览检索”让人耳目一新，吸引和方便了用户。上海市中心图书馆“网上联合知识导航站”主要采用了分布式联合参考咨询系统，整合了全市各高校和科研单位图书馆最优秀的参考咨询专家为广大网上读者提供高层次的专业服务，包括专家问询、问答浏览、网海指南、读者留言、更多服务等，还推出 816055 上海图书馆短信服务，实行了“一条龙”式的全方位服务。北京大学图书馆“咨询台”包括电子邮件咨询，实时问答咨询、常见问题解答、在线参考工具、馆内咨询指南、学科导航。实现了传统参考咨询与虚拟参考咨询的有机结合。上海交通大学图书馆“虚拟参考咨询台”包括参考咨询馆员、常见问题解答、中图法分类表、核心期刊查询、学习中心、实时解答、图书馆常用软件、网上参考工具书等。其中“学习中心”涵盖电子资源的使用指南等，用户能非常方便地学习如何使用数字图书馆，相反，一些图书馆购买或租赁的电子资源总是随意呈现在图书馆主页上，不规范的罗列，使用户在使用时无所适从。基于以上虚拟参考咨询项目的设置情况分析，虚拟参考咨询服务方式正在呈现多元化的发展趋势。

（二）虚拟参考咨询服务方式多元化拓展

1. 电话咨询

这是国内外图书馆早已开展的一种服务，用户通过电话提出咨询，参考咨询馆员利用数据库等检索工具查找，在 2 至 3 分钟内给出答复。清华大学图书馆“咨询台”设置了电话咨询。

2. 手机短信

用户利用手机给图书馆发送短信咨询问题，信息进入咨询服务器，自动分配给参考咨询馆员解答，答案再以手机短信方式发给用户。上海市中心图书馆“网上联合知识导航站”推出了 816055 上海图书馆短信服务（移动咨询、文献请求、读者信箱、讲座预定）。

3. 传真服务

用户通过电话、手机等方式发送咨询问题。

4. 电子邮件咨询

包括普通电子邮件、网络表单咨询和邮件通告三种方式。国内上网图书馆一般在虚拟参考咨询台（VRD）提供一个电子邮件或不同参考咨询馆员的多个电子邮件，用户只需在邮件正文或通过附件填写咨询的问题并发送到图书馆的电子邮件地址，参考咨询馆员就可以给予友好的答复。网络表单咨询利用结构化的格式，要求用户填写参考咨询馆员希望获得到的有关信息，包括：姓名、电子邮件、身份、教育程度、地址、电话、主题、提问的问题、答复时间等，用户根据格式填写与发送。武汉大学图书馆推出了国内全新的邮件通告服务，即通过 E-mail 及时向读者发送新书新刊、电子资源、最新服务项目等相关的最新信息。

5.BBS

在图书馆中将 BBS 应用到参考咨询中，使得咨询馆员能够通过聊天等实时交流方式和 BBS 讨论组、电子邮件等非实时交流方式，建立图书馆与用户之间的网上联络通道，及时解决用户在利用图书馆过程中出现的各种问题。利用 BBS 开展参考咨询主要包括以下内容：图书预约、续借、新书推荐等；根据用户需求，检索和筛选 BBS 服务器，将相关信息打包传递给用户；由 BBS 服务器按用户需求搜集信息，主动传送给用户；建立信息公布栏，在 BBS 专设的区域发布最新图书和电子资源信息，包括建立咨询讨论组，随时了解用户意见和建议，并及时给予答复，增强图书馆与用户之间的交互联系。用户以按需选择、定期下载、离线浏览等方式获取。

6.FAQ 信息自助咨询

虚拟参考咨询馆员应在平时注意各类典型问题的收集、整理、总结，并做好解答、分类建档工作，形成有自己特色的常规性问题索引文档和答案数据库，供用户在寻求咨询馆员帮助之前查询。在 VRD 平台中，可将其与实时解答部分相连接，咨询馆员在经过筛选、整理后将有价值的问题及解答加入 FAQ 数据库中，以不断地增加 FAQ 的数量，由于采用了人工控制的方式来保证题库的严谨性，FAQ 也成为咨询馆员提供参考服务时有价值的参考源。一个界面友好、检索方便、回答问题清楚全面的 FAQ 无疑能够为用户提供快捷的自助信息咨询模式，成为图书馆的使用指南。如上海交通大学图书馆制作的“常见问题解答”，包括流通阅览、文献查找、网上阅览服务、参考咨询、多媒体音响视听服务等五大类，使用户一目了然，提供了非常好的 FAQ 服务。

7. 实时参考咨询服务是基于实时交互技术的虚拟参考咨询服务

采用在线方式与图书馆员实时对话。目前图书馆用于实时咨询服务的软件有很多，主要有交互式聊天软件、电子商务的客户关系管理软件、合作咨询软件以及专门针对图书馆开发的实时咨询软件。如北京大学、清华大学、上海交通大学等高校图书馆采用 Question Point 系统，这些实时服务的时间都比较短，一周不到 30 小时。

8. 网络导航

网络导航是帮助用户在没有咨询馆员在线的情况下，顺利地进入自己所感兴趣的网站中浏览的服务系统，该系统对各类 Web 网站进行搜集、整理、分类与组合，形成网站分类索引文档，再通过建立相关站点链接，为用户方便快捷地获取所需网站的信息资源提供必要的查询途径和链接。其目的就是尽快引导用户进入网络，学会资源搜索、网络通信办法。用户可以定义自己感兴趣的站点，一旦有新的数据加入，系统将根据用户制定的策略自动将这些站点加入用户的文档中或发送消息通知用户。目前，我国许多图书馆在自己的虚拟参考咨询台中都设立了网海导航或学科导航栏目。如国家图书馆的"海外中国学网络导航数据库"链接了 100 多个专业学术网点，提供了非常丰富的学术资源。北京大学图书馆咨询台设立了学科导航，其目的在于方便各学科读者查询相关学科领域的各种网络学术资源，节省其搜寻网站的时间和网络通信费用。尤其链接了 CALIS 文理中心重点学科导航库和 CALIS 工程中心重点学科导航库。该网站将不断更新，最终达到完成北京大学所有重点学科网络学术资源导航的目标。

9. 文献传递

主要向用户提供电子全文，实行一定的收费标准。清华大学图书馆专项信息服务咨询设立有专门栏目，用户也可通过这些专栏进行专项咨询，包括馆际互借、代检代查、科技查新。

10. 网上参考工具书

网上免费的在线词典、百科全书、地图集等参考工具书。如北京大学图书馆的在线参考工具书与上海交通大学图书馆的网上参考工具书。

（三）虚拟参考咨询服务多元化模式整合

图书馆工作的核心是服务，而服务的重点是模式。模式是以简单而具体的类比与模拟等方式表现和描述复杂事物实体的方法。信息服务模式是对信息服务的组成要素及各要素之间的相互关系的描述。虚拟参考咨询服务方式多元化的整合即是虚拟参考咨询多元化服务模式。整合就是调整组合、整顿协调，通过整合可以产生新的事物，也可以在原有事物基础上进行充实、发展和完善。整合实际上伴随着事物的始终。虚拟参考咨询多元化服务模式也是在相互影响中不断得到调整、组合、完善，推动虚拟参考咨询服务稳定、可持续的发展。

1. 个性化服务

个性化服务是基于内容的个性化推荐，一种比较有层次的、主动性的服务方式。通过对用户专业特征、研究兴趣的资料收集、建库、图书馆资源重新组织等，为每一位用户提供为其量身定做的个性化参考咨询服务，真正建立具有针对性的用户参考咨询服务体系。

（1）建立用户专业特征和研究兴趣的个性化图书馆

用户可以随时登录，输入个人信息和专业研究兴趣，搜集和组织个人的数字化资源，并可随时修改，参考咨询馆员可以从这里了解到用户查找文献的方向、方法和其常用的资源，参考咨询馆员也可以根据读者的信息，随时从用户信息库中查询该读者资料，针对用户需求，提供真正个性化的信息服务。

（2）定期向用户提供 E-mail 通知

用户将需要定制的信息或其他需求输入，系统就会定期检索图书馆新到资源的联机目录，如发现有新到资源，即自动发送电子邮件通知读者，用户可将这些资源组织到自己的个性化图书馆中。

（3）成立用户群

成立以不同类型用户群为单位的参考咨询服务团队，有针对性地为不同用户群提供专业服务。

（4）分析预测用户的个性需求和潜在需求

可以利用用户之间的相似性、资源与用户兴趣的相似性主动地向用户推荐其可能需要的信息，并进行动态跟踪。

2. 一站式服务

所谓一站式服务，即参考咨询与文献传递一体化，只要用户与文献传递人员联系，就可以满足用户的各种文献需求，用户不需要关心从何种渠道获取文献。一站式服务需要向用户提供友好的界面，快速的链接，可选择的服务。应提供各种浏览查询方法、多种检索方式、获得响应的各种信息服务等，能实现信息服务的“新、快、准、全”的要求，最大限度地向用户提供精品，满足用户的信息需求。如南京信息工程大学图书馆“一站式文献检索系统”是图书馆资源检索的门户系统。基于一个统一的 WEB 页面下的跨异构数据库，跨平台的检索系统。即在图书馆允许的条件下（规定的 IP 地址范围、被授权的用户等），用户只需通过浏览器在系统中的检索引擎中键入自己关心的关键字（如题名、作者、分类号、出版社等），便可在多个资源文献库中检索相关信息，并可以阅览全文（维普、超星、书生等要下载阅读器）。

3. 自导式服务

虚拟参考咨询要素是用户自我服务系统和请求帮助系统，也是以用户为中心、满足用户需求的一种用户自我服务模式。虚拟参考咨询系统自身附带一些自助式服务项目，能够实现用户根据兴趣偏好、需求特点、时间安排自行利用图书馆的各种资源，开展个性化服务，完成文献查询与利用。这种服务模型注重“把用户作为用户来研究”，通过诱导、感应，自觉地遵守服务管理的各种规章制度，并以此为准则，自己服务自己，在心情舒畅中尽情发挥自己的聪明才智。提供的网上参考源供需平衡远远大于不同层次用户的需求，用户选择满足需求的范围将更广阔，自己为自己服务也就更灵活，用户利用图书馆的激情将发挥得淋漓尽致，自主、自动、自助式服务才能得以顺利实现。BBS、FAQ、网络导航等为用户自导式服务的实现提供了便利的条件。

4. 协作式服务

虚拟参考咨询目前也正从一个图书馆开展的活动走向以联合体为依托的协作模式。在这个模式中，两个或多个图书馆联合起来，每一个图书馆都有一个情况介绍，反映此图书馆的馆藏特色或咨询人员的专长，当这一体系中的某一个图书馆不能答复某一问题时，提交给协作网中的咨询管理系统，通过这一系统，将问题转给相应的图书馆。

（1）全球性合作

Question Point 是一个全球化的数字参考咨询服务合作。我国有一些图书馆加入其中，如北京大学图书馆，清华大学图书馆、上海交通大学图书馆等。Question Point 最值得欣赏之处在于其倡导合作，使不同成员馆之间在参考咨询这一信息服务领域实现资源共享，为国内图书馆界的相互合作提供了很好的范例。

（2）全国性合作

全国图书馆信息咨询协作网是由国家图书馆信息咨询中心主办，以中国国家图书馆为依托，建立网员制咨询服务协作关系。而 CALIS 分布式联合虚拟参考咨询系统则旨在构建一个中国高等教育分布式联合虚拟参考咨询台，以本地为主，结合分布式合作式的运作。部分 CALIS 成员馆也已经先期开展了本馆的网上咨询台服务，如上海交通大学图书馆、北京大学图书馆、清华大学图书馆、中山大学图书馆、中国人民大学图书馆等，并取得了比较好的效果。

（3）地区性合作

上海图书馆网上联合知识导航站是由上海图书馆牵头，联合上海地区公共、科研和高校等图书馆 20 位上海图书情报界的中青年资深参考馆员为网上知识导航员，实现为用户提供专业参考咨询的网上虚拟的新型服务项目。

第六章　新媒体技术在公共图书馆服务中的应用

第一节　网络媒体在公共图书馆服务中的应用

一、网络图书馆的概念释义

目前网络媒体在公共图书馆服务中的应用已经普及，图书馆的互联网门户网站和官方微博等迅速发展，但至今对网络图书馆并无明确定义，可以看到数字图书馆、电子图书馆、网络图书馆、在线图书馆、虚拟图书馆、图书馆网站等不同提法，而且人们常常把这些混为一谈。为了便于研究，笔者把网络图书馆从数字图书馆、电子图书馆等中分离出来，认为网络图书馆是借助互联网平台，以建设图书馆门户网站等为主要形式的、融信息资源的建设、管理与服务为一体的在线数字资源接口。网络图书馆，可以理解成数字图书馆的网络版，可以通过互联网为读者提供全方位、个性化的数字信息服务，包括用户管理、阅读引导、信息检索、资源查询等。

网络图书馆的建设必须依托强大的数字资源的支撑，这就要求图书馆以资源建设为核心，围绕馆藏文献数字化，做好信息资源的加工、存储、管理和传输。同时加强馆际联合，开展文化资源的共建共享，建设跨库无缝链接与智能检索的知识中心，进而更好地为广大用户提供实时的、便捷的、个性化的信息服务。

二、网络图书馆的服务优势

随着全国文化信息资源共享工程和数字图书馆推广工程的深入推进，公共图书馆对数字门户网站的建设十分重视，积极拓展数字资源的开发与利用，网络图书馆的规模在不断扩大，服务也在不断加强，已经成为昼不关门、夜不闭户的全天候图书馆；成为百问不厌、百答不烦的服务型图书馆；成为开门建馆、惠及大众的全民型图书馆；成为技术先进、功能全面的智能型图书馆。充分继承了数字技术与互联网的优秀基因，具有与生俱来的服务优势，可以整合不同载体、不同地域的信息资源，可以跨越区域、跨越时空，最终为用户提供方便、快捷、个性化、高效能的信息化服务，成为大众获取价值信息的精神家园。

（一）资源丰富、形式多样

网络图书馆利用先进的计算机技术及网络技术，积极开发利用网络信息和数字资源，突破了传统图书馆以纸质文献为主要载体的局限，转向以包括电子文献在内的数字资源为主的格局，成为集各种数字信息于一身的资源中心。以国家数字图书馆为例，资源类型包括文本、图像、音频、视频、网络资源等多种形式，涵盖范围包括古今中外各个历史时期，内容丰富，种类齐全，其中超过 76% 的资源已发布服务。如此庞大的数字文化资源，为新时期公共图书馆事业的发展提供了强有力的技术支撑，也为网络图书馆的建设打下了坚实的基础。

（二）覆盖广泛、惠及全民

我国省市级图书馆全部拥有自己的网络图书馆，而地市、区、县级开通网络图书馆的更是数不胜数。大多资源完备，覆盖广泛，被人们称为没有围墙的图书馆。首先，网络图书馆对读者没有条件限制，面向全体社会成员，为所有人提供信息服务，特别是给那些没有机会到图书馆读书的群体创造了良好的服务平台。与此同时，还可以为个人、企事业单位及政府部门等提供多样化的、灵活的、有针对性的个性化服务。其次网络图书馆对场地和时间也没有限制，人们对馆藏信息资源的利用不受时间和地域的局限，摆脱了实体图书馆只能到馆借阅的束缚，可以随时随地享用信息资源。可以在图书馆，也可以在办公室，可以在社区文化站，也可以在家庭，可以在白天，也可以在深夜，总之只要能够登录到网络图书馆的主页，就可以在任何时间、任何地点享受它的资源信息。网络技术的广泛应用，为进一步拓宽图书馆服务范围提供了条件。网络图书馆的服务能够覆盖全国省、市、县、乡镇（街道）、村（社区），充分体现了公共图书馆的公益性，做到了惠及人民，成为普通百姓加油充电的供给基地和修身养性的精神家园。

（三）开放互联、共建共享

网络图书馆可以实现全方位的开放性服务，因为具有开放性的建设平台，开放性的整合资源，开放性的管理模式。图书馆文献信息传播的网络化，促进了文献信息资源的传播与共享，推动了文献信息资源的社会化，提高了图书馆的服务效能。网络图书馆作为开放的知识与信息服务中心，充分给予社会中每个成员自由获取知识和信息的权利，为所有用户提供了不受时空限制的网上书目检索、参考咨询、文献提供等服务，从根本上改变了人们获取信息和使用信息的方法，提高了人们的学习效率，并且便于人们随时随地分享、互动。网络的高速传输为图书馆的数字化建设提供了强有力的保障，公共图书馆网络与宽带接入是为读者提供网络信息服务的基础。

可以预见，随着网络技术的发展，特别是“云计算”和“三网融合”技术的开发利用，网络图书馆的服务能力和水平将会进一步提高。同时网络图书馆可以借力文化共享工程，利用文献资源共享信息平台，加强公共数字文化资源生产，打破资源独立的壁垒，实现信息资源和知识资源的智能共享，创造近乎无限的资源空间，提高资源利用效率。网络图书馆的共建共享不仅极大地丰富了公共文化产品服务的内容和形式，提高了文献信息资源的保障能力，更提高了新媒体环境下公共图书馆数字文化产品的供给与服务能力，形成了一个资源丰富、方便快捷、技术先进的满足人民群众基本文化需求的重要阵地。通过虚拟网建设，地方图书馆不仅可以访问国家图书馆的海量数字资源，还可以在省内各馆间便捷地进行数据传输，实现数字资源与服务的共建共享。目前，国家图书馆已向黑龙江省图书馆、浙江省图书馆、福建省图书馆、贵州省图书馆、广西壮族自治区图书馆、辽宁省图书馆、广东省立中山图书馆、厦门市图书馆等 8 家副省级以上图书馆开放了总量超过 120TB 的中外文数字资源，包括 100 余万余册中外文图书、700 余种中外文期刊、7 万余个教学课件、1 万余种图片，18 万余份档案全文以及 3000 余种讲座和地方戏曲等，使读者在当地就可以方便快捷地访问全国各地建设的特色资源。

（四）发挥特色、区域互补

网络图书馆在共建共享的同时，瞄准区域特点，重点开展地方特色资源的发掘和整理，实现了对地域性文化资源的传承与利用，为地区地方特色文化和民族特色文化的传承和发展提供支撑。这不仅避免了因重复建设造成的资源浪费，而且极大地丰富了图书馆的信息容量。所谓馆藏特色资源是各个图书馆具有特色的资源，是各馆经过长期建设积累，在某一方面形成一定规模，结构比较完整的优势文献资源。馆藏特色资源形式各异、内容丰富多彩，能为读者提供多样的视角和具有特色的服务。例如中国国家数字图书馆开设的地方馆资源，便集中了一些省级图书馆的特色资源，其中包括山东、黑龙江、吉林、湖南、湖北、浙江、安徽、四川等省馆具有特色的资源，分为视频数据库和图片数据库两类。视频数据库有湖南图书馆的湖南地方戏剧资源库和湖北省图书馆的非物质文化遗产专题资源库。图片数据库包括地方文献和地方出版物图片、珍贵古籍善本图片、历代人物图像，具有浓郁地方特色的建筑、美术、幌子、木雕艺术图片，以及少数民族绘画艺术中富有艺术特色的文化遗产之一藏族唐卡等。各级图书馆都已充分认识到馆藏特色资源建设的重要性，而且已经建成了一批主题明确、特色鲜明、类型丰富的馆藏资源。比如天津图书馆特色馆藏有：服装装饰外刊精选、革命文献、古籍善本图录、缩微影像；安徽省图书馆的馆藏特色资源有：安徽文化、安徽国家级名城、工艺美术、廉政文化、企业信息专题文献、文化简报、安徽戏曲、红色旅游、淮河纪事、馆藏名人手札等；河北省图书馆的馆藏特色资源有：皇家陵寝、河北戏曲、红色旅游、河北杂技、唐山皮影、河北古建筑、民间遗产、文化旅游等；南京图书馆的馆藏特色资源有：轻纺艺术杂志、盲人有声读物等；长春图书馆的馆藏特色资源有：百年长春资源库、长影影片资源库、“红色记忆”专题数据库、馆藏国家珍贵古籍数据库等。由此可见，我们可以举全国公共图书馆之力，以文化共享工程和数字图书馆推广工程为抓手，发挥特色，优势互补，共建优秀地方特色数字资源，提升数字图书馆资源建设和保障的整体水平。

三、网络图书馆存在的问题

随着我国公共文化服务体系建设的大力推进，网络图书馆的建设也在蓬勃发展。国家图书馆将馆域网与互联网接入带宽扩宽，为提高数字资源的供给和传输能力奠定了基础，使人们对网络图书馆的信息保障水平和信息服务能力充满期待。但从整体上来看，我国网络图书馆还存在发展不均衡、资源重复、人才匮乏、资金短缺等问题，特别是数字版权之争成为网络图书馆最大的隐忧。

（一）数字版权

在如今网络大发展的时代背景下，数字版权问题已成为全世界范围内的一个重大难题，我国也不例外，许多案例令人深思。由此可见，妥善解决数字版权的授权问题，成为目前图书馆行业亟待解决的重中之重，不仅关乎图书馆的现代化发展，关乎公共文化事业的走向，甚至关乎经济社会的发展以及科学文化事业的繁荣。在这个因为版权之争而乱象丛生的网络时代，我们应该对数字图书馆的版权保护问题给予高度的关注，共同参与解决，寻求共赢方案，形成全社会共同保护版权的局面，努力为图书馆事业的发展创造有利的法律和社会环境。

（二）重复建设

目前网络图书馆建设热情持续高涨，数字门户网站成为各地公共图书馆的标配门面，但由于各馆之间的沟通和融合还存在很多问题，缺乏统一的规划与协调，所以无论是硬件设施还是文献数据都难以兼容，不能充分利用网络资源，共建共享困难，重复建设依然严重。中国知网、维普网、万方数据、超星数字图书馆、读秀学术搜索等，数据库虽各有侧重，但为了各自的“大而全”不可避免的交叉重复收录，各级图书馆也有类似现象。这种各自为政的、完全独立的建设方式带来大量的重复性工作，造成人力、物力、财力的极大浪费。因此，公共图书馆应结合本地数字资源的实际需要，转变观念，提高资源共享意识，扩展馆际互联，综合利用目前国内已经建立的各种数据库、知识库资源，补充和完善馆藏数据库，尽量避免重复建库。同时应结合本地的历史文化和人文特点，建设一些具有本地特色的地方文献数据库，丰富具有特色的馆藏资源。总之，各地图书馆可以借力全国文化信息资源共享工程和数字图书馆推广工程，杜绝重复建设，在打造自己的特色资源的同时，实现中华优秀文化资源的共建共享。

（三）人才匮乏

重点提高基层公共图书馆骨干的业务素质，加大对优秀中青年人才队伍的培养，特别是围绕古籍保护、未成年人服务、信息资源建设、数字图书馆建设等事业发展重点领域培养一批领军人物，造就一支数量合理、结构优化、素质优良、有良好职业道德与服务能力的人才队伍。但是目前公共图书馆中这样的领军人物实在匮乏，甚至可以用凤毛麟角来形容。尽管公共图书馆的发展得到了越来越多的重视，不断加强馆员队伍知识结构的调整，但是目前馆员的专业知识和技能还不能适应网络图书馆发展的需求，仍然缺乏同时具有图书馆专业知识和网络应用技能的高素质复合型人才。随着网络图书馆的快速发展，数字信息资源的挖掘、整理与传输成为图书馆的核心竞争力，这也对图书馆的管理和工作人员提出了更高的要求，不仅需要文献资料数据的加工人才，需要开展参考咨询服务的专业导师，需要能够支撑技术维护的网管高手，需要独具慧眼采集情报的信息猎头，需要既有信息创新能力又具备专业学科知识的学科馆员，更需要一支学有专长、爱岗敬业、善于管理的专业队伍。

（四）资金短缺

公共图书馆是政府扶持的公益服务性的事业单位，建设经费主要依靠上级主管单位的拨款。尽管投入资金有所增加，但要建设自动化、数字化、先进化的网络图书馆，目前的投入资金还远远不够。近年来图书、刊物价格的大幅暴涨，书刊订购费每年迅速增长，采购新增数字资源以及续订维护的投入资金也在快速膨胀，这必然加重各馆的支出负担，许多图书馆只能维持现状，保障基本经费支出，开展网络图书馆建设更是举步维艰。国家图书馆实施了“县级数字图书馆推广计划”，通过全国文化信息资源共享工程的服务网络，将国家图书馆优秀的数字资源推送到全国每一个县，使全国所有县级图书馆都具备了数字图书馆服务能力。但网络图书馆的建设是一个庞大、系统、长期的工程，硬件设备、软件资源、人员培训、数字化资源的更新、馆藏文献的数字化转换等等，都需要充足的经费做后盾，因此资金短缺仍是建设网络图书馆的最关键的问题，是困扰网络图书馆发展的老大难问题。

四、网络图书馆的发展前景

建立公共文化服务体系建设协调机制，统筹服务设施网络建设，促进基本公共文化服务标准化、均等化。这显示了政府对公共文化事业的高度重视，为公共图书馆建设指明了方向，也为我们加快建设网络图书馆提出了要求。

（一）坚持公益理念，发挥教育功能

网络图书馆作为公共图书馆的主要组成部分，作为公益性公共文化服务的重要阵地，也必然承担着保存人类文化遗产、提供知识信息、传播先进文化、开展社会教育的重要职能。网络图书馆具有信息资源丰富、覆盖范围广泛、传播速度快等特点，应该积极抢占网络文化阵地，维护和保障公众的基本文化权益，突出公益性，在尊重和保护知识产权的前提下，提供广域网范围的免费服务。作为资源中心和服务阵地，不仅能够提供各种数字信息资源，更应该充分发挥社会教育功能，创设良好的学习环境，成为聚集优秀文化资源的信息宝库，成为开展公众教育的坚实堡垒，成为重组与更新知识的第二课堂，成为分享人类文明成果的精神家园。

（二）加强技术研发，制定标准规范

网络图书馆要加快高新技术在公共图书馆领域的应用与推广，利用“云计算”和“三网融合”技术，推动技术研发与标准规范的制定，为公共数字文化建设提供强有力的服务资源保障和技术标准支撑。标准规范的建设，尤其是在开放和可互操作基础上的标准与规范建设，是数字图书馆建设高效、经济、可持续的根本保证，是数字图书馆能够长期发挥作用的必要条件。忽略数字图书馆标准规范体系建设，将会导致资源的重复开发，影响资源的共建共享，限制数字图书馆的作用空间和发展能力。网络图书馆作为数字图书馆的网络平台，要借力数字图书馆推广工程，加强标准规范的制定，统一技术平台标准规范，统一资源建设标准规范，统一资源服务标准规范，坚持共建共享、开放共赢的原则，加强合作共建，联合建设超大规模的资源库群，建设互联共享的知识网络，扩大资源总量，形成规模效益，有效扩充网络图书馆的数字资源。

（三）创新服务模式，提高服务效能

网络图书馆应坚持需求主导、服务为先的原则，了解群众对公共数字文化的需求，建设丰富适用的数字资源，加强公共数字文化的惠民服务，创新服务模式，拓展服务渠道，扩大服务功能，丰富服务手段，为广大人民群众提供多层次、多样化、专业化、个性化的数字文化服务，切实保障信息技术环境下公共文化服务的公益性、基本性、均等性、便利性。网络图书馆不是简单地把信息服务推送到网络上，而是要打破被动局面，采取主动的服务方式，以用户信息活动为中心建设立体化的服务网络，为用户提供全方位的交互服务，以精准的智能信息检索服务，一体化的综合信息服务，向用户提供个性化、高效、快捷的服务。

第二节　手机媒体在公共图书馆服务中的应用

随着互联网与移动通信的结合，造就了一种全新的网络环境——移动互联网。利用移动互联网传播公众信息的新媒体——手机，已成为具有巨大发展空间的信息终端。目前，移动信息服务广泛应用于各个领域，在图书馆中利用手机移动信息平台来扩展服务，已成为图书情报界的研究热点。手机图书馆具有便捷性、实时性、互动性和个性化的特点，不仅可以实现网站浏览、借阅服务，而且可以提供文献检索、互动阅读、参考咨询、自助服务等形式丰富的动态服务，成为大众欢迎的“口袋图书馆”。

一、手机图书馆的概念释义

手机图书馆就是利用移动信息服务技术，在图书馆提供无线接入方式的基础上，通过接入网络的手机、平板电脑等移动终端享用数字资源的“移动图书馆”。是一种新兴的图书馆信息服务，具有手机增值服务和图书馆服务的双重属性，是图书馆信息服务的延伸与

补充。手机图书馆将无线通信网络和图书馆系统结合起来，利用高普及率的手机终端延伸拓展了传统的图书馆服务，信息通知、借阅管理、在线阅读等几乎所有的数字图书馆功能都将在手机平台上得以实现，极大地方便了读者，拓展了图书馆的服务范围，提高了图书馆的服务效率。

二、手机图书馆的服务优势

（一）便捷性

手机图书馆能以最方便快捷的方式获得信息与服务。有线网络服务的方式，无法随时随地获得图书信息资源，手机图书馆打破了时间空间和电脑终端设备的限制，用户可以利用短信、登录网站和安装手机软件等方式，随时随地接收或浏览文字、图片、声音等各类信息。手机图书馆的移动性让手机真正成为读者的“随身图书馆”，手机的便携性、随身性让其无所不能、无处不在。在手机图书馆的环境下，借助人工智能和移动通信环境，读者可以通过手机向馆员提问并获取帮助，读者不必局限于电脑桌前，可以自由自在、随时随地进行不同目的、不同方式的信息获取和帮助，从而提高读者对图书馆资源的利用率。

（二）实时性

手机图书馆服务不受时间、地点、空间的限制，能随时随地提供信息与服务，最大化利用图书馆的资源，成为读者的“随时图书馆”。图书馆的实体资源服务时间有限，用户在服务时间以外无法获取所需的信息资源，即使全天开放服务的数字化资源也会受外在环境的影响，如 IP 地址、硬件水平的限制等，而只能到图书馆或局域网范围内才能获取相应的服务。手机图书馆具有“无处不在，无时不在”的特点，不仅可以让读者在任何时候和地点都可以享受到图书馆资源的服务，还可以让用户充分利用“垃圾时间”“碎片时间”来阅读各种信息。极大地提高了图书馆的信息服务能力，使图书馆的服务范围和服务时间不断扩大和延长，满足读者随时随地获取信息的需求，最大限度地实现图书馆的价值。

（三）互动性

手机媒体可以随时随地发出和接收信息，图书馆可以通过手机进行信息传递，包括图书续借、借阅证挂失、问答咨询、书目查询、借阅信息等，这类服务的特点是图书馆与读者之间有互动过程，读者收到短信后随时可以用回复的方式咨询详细业务。读者向图书馆发送请求，图书馆将相应的信息反馈给读者，让读者及时了解相关信息内容，做到交流可以随时随地，方便了图书馆员和读者间的互动。此外，手机用户可以加入图书馆移动信息服务系统，在线阅读时不仅可以做书签、笔记，可以画词翻译，可以写书评等，而且可以参与读者社区聊天、在线评论、写博客、网上发帖等。同时短信、微信的互动，是一般互联网做不到的，可以说手机扩大了图书馆的影响力，加强了图书馆宣传的渗透力。

三、手机图书馆的服务模式

（一）基于短信的服务模式

短信简称 SMS，基于短信的服务模式是图书馆利用手机短信的服务平台，为读者提供的主动推送式服务，如读者借阅情况查询、图书预约、图书到期提醒、读者证挂失等。这种服务方式对软硬件的要求较低，只要具有短信收发功能的手机都可使用此业务。

优点：及时、快捷、便宜，便于跟踪，能够覆盖较大的用户群体。

缺点：格式简单，文本消息字符长度受限，长消息需要分拆成几个短信发送，对于数据库复杂的信息检索无法实现。

手机短信作为最基本的手机图书馆服务实现模式，由于其技术含量相对较低，容易实现，我国的手机图书馆几乎都实现了手机短信服务。

（二）基于 WAP 网站的服务模式

WAP 即无线应用协议，是一项开放的、通用的、全球性的网络通信协议。手机 WAP 上网已经成为移动用户常用的功能之一，因其不受时间、空间的限制，非常方便。天津图书馆开通了“天津市民移动阅读平台”，该平台资源丰富、操作简便、互动性强，持证读者可利用手机或平板电脑等移动终端登录并免费访问该平台上的所有资源。读者通过具有上网功能的手机，可以脱离计算机随时随地访问手机图书馆网站，从而方便地进行文献检索、个人信息查询、借阅信息查询、图书到期或逾期信息查询、图书预约或续借手续办理等，同时还可以访问图书馆电子资源、点播视频节目、在线阅读、在线咨询、定制个性化互动服务，甚至数据库资源下载等功能，实现与图书馆自动化和数字化系统的交互操作。

优点：与手机短信功能相比，手机图书馆使用方便，与使用互联网一样快捷。具有将通知、查询、阅读三种服务方式于同一平台上完成的优势，提升了手机服务的功能，满足了读者手机阅读的需要。

缺点：受限于 WAP 模式，其网络访问带宽与数据传输速率较小，导致服务效果有时不稳定。

（三）基于客户端的服务模式

基于客户端的服务模式是图书馆为读者提供的个性化软件服务，读者在使用时，需下载软件到手机上，再进行功能操作。手机客户端是一种 G/S 模式，比 WAP 的 B/S 模式更方便快捷，采用的是 J2ME 技术。温州市图书馆推出名为“温州市图书馆”的手机客户端，读者只要通过移动设备下载安装，即可轻松实现获取各类活动信息、查询馆藏书目、续借图书、下载电子图书、阅读手机端提供的各类报纸杂志、手机观看视频等功能。

优点：J2ME 客户端开发更具灵活性，功能更丰富，操作更方便快捷，可以实现最佳的读者体验，最精美的用户界面，最从容的交互方式，可以有效地减少网络流量，同时还可以为上网的手机提供丰富的图像、视频等多媒体内容。

缺点：操作系统各异，配置参差不齐，各种多媒体文件格式不兼容，图书馆以现有的技术能力开发手机客户端软件难度相当大，多平台移植与维护成本更新代价高。

四、手机图书馆的服务功能

（一）借阅、查询服务

图书查询检索功能和原来数字化检索功能基本一致，读者通过手机登录图书馆自助服务网站，点击相应菜单，通过任意词匹配检索，用高级检索和简单检索两种进行书目、文献查询，查询所需图书的具体状态、所在库的信息。不仅如此，用户还可以检索到联盟共享图书资源信息，使得数字图书信息的利用率最大化，能快速查找到所需信息。

（二）提醒、通知服务

通知提醒服务是手机在图书馆服务应用中内容最基础的部分，当读者所借图书或者读者证快到期时，图书馆通过手机为读者提供图书到期催还提醒服务。读者登录个人信息界面就可以进入借阅信息、续借、借阅证件挂失、预约信息、超期欠款、我的书库以及系统推荐资源等。当读者所借图书或者读者证快到期时，图书馆通过短信方式向已在图书馆网络平台绑定的手机号码发出图书、读者证到期提醒短信，提醒读者还书或者延期读者证，提醒服务使读者不用时刻惦记着书籍的借阅状态，不用怕超期被罚款。

（三）新书推荐、信息发布服务

图书馆可以定期更新 WAP 网站上的新书目录、活动精选、书摘书评、新闻公告及讲座信息等，也可以通过软件把这些信息推送到用户桌面，还可以用短信、微信的方式发送给读者，为读者提供更多、更快的信息服务，使读者能及时了解馆藏新书和各种活动动态，这样就大大拉近了图书馆与读者的距离，加强了两者之间的互动性。

（四）参考咨询服务

通过手机 WAP 网站和定制的软件，图书馆可以在读者和图书馆员之间建立一个虚拟的“面对面”的交流平台，可使双方进行随时互动交流，同时建立知识累积库，通过智能语义分析，为读者提供自助服务，简化图书馆员的咨询工作。目前手机的参考咨询服务还处在初级阶段，还有很大的功能扩展空间。

（五）个性化定制服务

手机图书馆将无线通信网络与数字图书馆系统结合起来，在方便用户，提高服务效率的同时，也为读者提供个性化服务。个性化服务是图书馆根据读者的兴趣、爱好、需求等开展的一种服务，也是图书馆信息服务向纵深发展的一种体现。目前手机图书馆个性化服务主要有短信定制和信息资源查询定制。读者通过登录图书馆移动服务网站，根据兴趣和需求定制信息与服务。具体来说，就是读者将自己所要征询的问题以短信的方式发送至手机图书馆咨询中心，图书馆工作人员通过手机短信，或WAP平台针对读者的问题进行解答，以最快的速度将这些信息传递给读者，以满足图书馆用户个性化需求。

五、手机图书馆的应用现状

图书馆手机业务的发展是伴随着中国移动通信读者的迅速增加而开展起来的。近年来，手机图书馆发展十分迅速，我国已经有数十所图书馆相继建立了手机图书馆系统，取得了较好的效果。

（一）短信服务

利用手机开展图书馆服务的24家公共图书馆，基本都开通了短信服务平台，短信服务项目有代表性的是：国家图书馆、深圳图书馆。

国家图书馆通过全国统一特服号“106988106988”为移动、联通、电信的全国手机用户提供借阅相关的读者短信服务和短／彩信信息订阅服务。读者服务短信是国家图书馆最早利用移动技术为读者提供的一种服务方式，是移动服务中的基础服务项目，进一步拓展了与读者的信息沟通渠道。该服务提供包括图书催还、续借、预约到达通知，读者卡挂失，发表意见与建议等基础服务，读者开通短信服务后即可免费享受这些服务。信息订阅服务是指国家图书馆将推出一系列短／彩信形式的信息服务，用户通过手机或者掌上国图网站订阅后，国家图书馆将定期向读者推送订阅的信息，这一服务满足了读者更广泛的需求。

（二）WAP网站服务

公共图书馆采用WAP网站服务的平台结构一般分为三个部分：第一部分读者管理，包括读者的个人信息，如读者注册、注销、借阅证挂失等个人账户信息。第二部分WAP信息，如图书馆概况、读者指南、馆藏图书查询、图书续借和预约等，读者可以根据需要浏览。第三部分用户知识服务，指根据读者需求制定的个性化互动服务，如图书借阅到期通知、到馆新书提醒、讲座预告、咨询服务等。以国家图书馆、上海图书馆和深圳图书馆为例：

1. 国家图书馆

国家图书馆推出“掌上国图——国家图书馆移动服务”，国家图书馆WAP网站服务平台的推出为用户以无线通信方式接入国家图书馆的服务系统提供了界面支持。国家图书馆手机门户作为国家图书馆移动服务的重要形式之一，承载了大量国家图书馆特色资源，并且为能够向更大范围的读者提供服务，设计开发了三个版本，系统自动检测手机适配最优界面。其功能主要包括读者服务、在线服务、读者指南、文津图书奖、新闻公告、资源检索等栏目。国家图书馆手机门户为读者打造一个随时随地的图书馆，提供适用于平板电脑、智能手机等移动终端的书刊和多媒体资源服务。

2. 上海图书馆

上海图书馆开通了如下七项手机服务：

第一，上海与世博。上海乃至中国在各届世博会上的参展历史，力求以图文并茂的内容、多元化的展现手段，将中国与以往历届世博会联系在一起。在内容展现方面，分为“参展珍闻”与“世博记忆”两部分。手机版则将该项目展示的内容进行浓缩与再编辑，放到手机图书馆网站上进行服务。

第二，我的图书馆。运用手机进行读者个性化服务，通过访问手机网站，登陆“我的图书馆”查询借阅信息，进行图书续借。同时还可以通过手机“我的图书馆”查询读者卡信息和借阅信息，极大地方便读者使用图书馆的资源和服务。

第三，上图讲座。即时了解上图讲座的最新信息，并可通过图书馆所开通的手机特服号进行上图讲座预订，支持移动、联通、电信的手机用户，方便读者随时随地进行讲座预订。同时可以利用手机短信提供咨询问答服务。

第四，分馆导引。详细展现了上海图书馆以及上海市中心图书馆“一卡通”全市开通的 130 多家分馆和服务点的地址，电话，开放时间等信息，同时还配有手机网上地图服务，即可导引读者前往各图书馆借阅书刊。

第五，上图电子书。上图电子书在阅读上进行了创新，为读者提供全新的电子书借阅服务，只要读者凭上图读者卡和身份号码就可以通过手机移动阅读方式看电子书。在线阅读时读者可以做书签，笔记，重点字句高亮保存，画词翻译，书内全文搜索并以列表方式显示，读者看某本电子书的同时可以提问或回答问题，写书评等多个实用功能。

第六，书目检索。全市图书馆馆藏尽在掌中，通过 3G 手机上网或具有 GPRS 上网功能的任何一部手机，就可以通过访问手机网站，进行全市书目和馆藏联合检索，提供 200 万种，1150 万册馆藏书刊、音像资料和文献的搜索。

第七，电子期刊。电子期刊（试用）能够让所有读者使用移动手持设备随时随地地检索本馆文献和查看正文，让学术速读成为可能，并成为一种新的风尚，让学术无处不在，让读者在任何时间，任何地点都能获取自己所需的资源。

3. 深圳图书馆

深圳图书馆开始与深圳移动合作共建“手机图书馆”项目，以手机 WAP 为载体，与本地图书馆进行数据对接，读者通过手机 WAP 查询个人借阅信息、进行注册管理、定制短信服务等。“手机图书馆”作为深圳移动“无线城市”阅读频道的一个栏目对读者开放服务。

（三）客户端服务

客户端服务可以为用户提供馆藏信息检索、借阅信息查询与预约、图书下载、在线咨询等功能，实现一站式检索，一站式服务，可以充分发挥公共图书馆的社会教育职能，进一步满足读者对移动阅读的需求，成为移动的“私人图书馆”。目前开通手机客户端服务的公共图书馆还不多，实现该功能的有国家图书馆、首都图书馆、上海图书馆、广东省立中山图书馆、重庆图书馆等。

智能手机客户端使用更加灵活，不仅摆脱了短信服务的单一性，也彻底摆脱了 WAP 网站服务对浏览器的依赖性。图书馆服务被整合到手机客户端中，延伸了图书馆的服务功能，拓展了图书馆的服务空间，增加了与读者的互动途径，为读者带来更新鲜、更丰富、更灵活的服务方式。

（四）微信服务

微信服务其实也是一种客户端服务，之所以单列出来，是因为微信服务支持多人参与，可以为用户提供关系链拓展、便捷工具、微信公众账号、开放平台等功能，是一种集语音短信、视频、图片和文字等交流方式于一体的跨平台的即时通信工具。公共图书馆开展微信服务，借助微信平台很容易实现实时的、在线的咨询服务，突出与读者的交互功能，成为图书馆服务的有益补充。以“图书馆”为关键字，在微信平台查找公众号，可以发现目前 30 余家公共图书馆都开通了微信服务，其中包括上海图书馆、首都图书馆、深圳图书馆、贵州省都匀市图书馆、陕西西安市图书馆等等。尽管目前有的服务还处在测试阶段，相信微信服务会随着其功能的加强，成为移动图书馆的得力助手。

六、手机图书馆的发展策略

随着移动通信技术的进步和三网融合的不断深化，特别是 4G 网络的铺开，手机图书馆的建设与服务快速发展。4G 通信技术不仅有利于开发图书馆丰富的馆藏信息资源，而且有利于提升图书馆服务的质量和效能，可以为用户提供更高质量的多媒体服务，量身定做的个性化服务，从而满足读者的阅读需求。

（一）完善手机图书馆服务内容

当前，手机在图书馆的应用只是将成熟的移动通信技术应用到图书馆服务中来，把图书馆自动化系统的 WEB 模块功能从 PC 机转移到手机上，这就造成手机图书馆能够提供的服务内容不可能太深入，服务内容较为单一，目前大部分图书馆的手机服务只是单向的短信提醒、信息公告，或者只停留在读者预约、续借、书目查询等文献借阅的最基础的浅层次服务上，为读者提供的数据库交互检索、咨询交流等内容相对较少。此外，许多图书馆并未将电子图书、期刊、专业数据库全文服务延伸到移动终端设备，有些图书馆虽然实现了文献信息资源的在线阅读和下载，但其提供的文献信息资源在数量和范围上与读者的需求还有很大差距。如国家图书馆的“掌上国图”手机阅读服务，仅提供 30 余种报纸和千余种图书的在线阅读和下载，数字化全文服务尚未真正普及。

读者对于图书馆的要求是希望通过手机界面便捷地获取多样化服务，因此图书馆应该考虑更多的内容提供方式，与资源供应商深度合作，推出适合手机图书馆的信息内容和服务项目，才能实现图书馆应用手机服务的真正价值。

（二）加强整合图书馆信息资源

目前，图书馆的文献数字信息资源丰富，但这些资源的检索查询方式、数据格式和界面不同，加之手机的操作系统各异，兼容性较差，读者每看一个数据库都要重新登录，通过一个界面无法浏览所有数据库，这就要求图书馆充分考虑用户利用信息服务的便利性，对信息资源进行深度加工，加强整合图书馆的数字信息资源，建立标准化的数据库，实现信息资源、信息技术、信息内容的集成，提供统一的检索平台和信息服务体系，形成统一的 WAP 界面，使读者能够利用同一检索入口对信息资源进行同步检索，方便快捷地查询所需资料。

（三）建立资源与服务的共建共享平台

要解决技术、资源、经费、推广等方面的问题，建立一个优质的手机阅读平台，盘活图书馆馆藏文献，避免资源的重复建设，不仅需要依托互联网技术，同时也需要各图书馆之间的协作，建立资源与服务的共建共享，从而弥补单个图书馆资源与服务的不足，提高图书馆服务水平和公共服务价值。

国家图书馆牵头，充分利用全国文化信息资源共享工程平台，启动“数字图书馆推广工程”。数字图书馆推广工程将建设分布式公共文化资源库群，搭建以各级数字图书馆为节点的数字图书馆虚拟网，建设优秀中华文化集中展示平台、开放式信息服务平台和国际文化交流平台，打造基于新媒体的公共文化服务新业态，最终实现数字图书馆的服务惠及全民，切实保障公共文化服务的公益性、基本性、均等性、便利性，最大限度地发挥数字图书馆在文化建设中引导社会、教育人民和推动发展的功能。

国家数字图书馆基于新媒体服务资源建设重点是：开展基于手机、数字电视、网络电视等新媒体服务的资源建设，拓展国家图书馆服务阵地，开展跨行业合作。推广工程将在国家数字图书馆资源成果基础上，加强全国各级公共图书馆的资源共享推广与合作共建，在全国范围内形成有效的数字资源保障体系，从而使公共图书馆的手机服务实现最大化的资源共享。

第三节　数字电视在公共图书馆服务中的应用

在新媒体环境下，公共图书馆服务的创新手段——数字电视图书馆，已经作为文化和旅游部、财政部开始实施的“数字图书馆推广工程”国家数字图书馆资源建设重点中“基于新媒体服务的资源建设”的重要组成部分。随着推广工程的深入开展，各地公共图书馆在硬件配置、技术平台和资源建设方面取得了长足发展，同时也带动了国家数字图书馆服务形式的全面创新，越来越多的省、地市和县级公共图书馆加入数字电视图书馆建设中来。数字电视图书馆是公共图书馆为读者（用户）提供到馆服务、互联网服务、手机服务以外的又一种新型服务载体，是现代图书馆延伸服务的新模式；是公共图书馆为读者提供多元化服务的新载体，是保障公共文化服务公益性、基本性、均等性、便利性的有效举措；是现代图书馆实现自身进一步发展的新手段。

一、数字电视图书馆的概念释义

数字电视（TV）又称数位电视或数码电视，是指从演播室到发射、传输、接收的所有环节都是使用数字电视信号，或对该系统所有的信号传播都是通过由 0、1 数字串所构成的二进制数字流来传播的电视类型。数字电视是一个从节目采集、节目制作、节目传输到用户端都以数字方式处理信号的端到端的系统。

数字电视图书馆是利用数字电视的交互功能，开发相应的接口，将数字图书馆与数字电视连接起来，结合数字电视传播技术和数字信息技术，以专业服务频道的形式把图书馆的资源和服务主动提供给用户，让观众能以新的方式观看和利用电视节目内容，就可享受到丰富的数字化图书馆服务。目前图书馆主要通过交互式数字电视 JPTV 和互联网电视三种业务形式进行数字电视业务的拓展，借助数字电视网络把图书馆搬到千家万户，通过数字电视这一载体，使读者（用户）随时随地阅读、观看图书馆提供的相关信息、资源，成为用户按需索取的图书馆，成为通过电视荧屏就能免费享受图书馆提供的文献信息等服务的名副其实的家庭图书馆。数字电视图书馆将丰富的馆藏资源同先进的传输手段结合，充分利用电视网络资源，为用户提供 OPAC（联机公共目录查询系统）查询、图书预约续借、看展览、听讲座、接受远程教育、进行参考咨询与互动等服务，实现图书馆的功能拓展和服务延伸，进而为用户带来不一样的阅读体验，最大限度地满足人民群众的精神文化需求。

二、数字电视图书馆的服务特点

（一）广泛性

数字电视图书馆在我国拥有庞大的潜在用户群，更有强大的生存和发展空间。数字电视图书馆把图书馆的馆藏资源通过视频、音频、文字、图片等多种内容形式呈现给用户，可看、可听、可读，将不熟悉或不习惯使用计算机、手机的用户通过电视这个大众平台纳入图书馆的用户范围内，扩大了数字文化服务的人群覆盖面。以国家图书馆为例，其开通的数字电视图书馆，将经典文化和优秀资源借助广电双向平台实现入户服务，仅北京地区的受众就达 280 万户。所有数字电视用户，可以随时享用图书馆的服务，不仅可以看公益文化视频节目，还可以读书看报、浏览图文信息等资源，并通过交互技术体验图书馆的特色功能，从而提供全方位的阅读服务，使图书馆融入广大用户的生活中，满足不同用户的需求。

（二）跨时空性

数字电视具备时移（回放）功能，在收看电视节目过程中可随时暂停、快进、后退，从而使数字电视图书馆能够突破传统媒体受困于时间、空间的限制，不受传统图书馆馆内服务的约束，为丰富群众业余生活提供了新途径，使得读者足不出户就能享受图书馆的各种优质资源，享受数字电视图书馆带来的高效便捷服务，为社会发展和人民生活质量的提高提供知识和智力的保障。

（三）交互性

数字电视提供的最重要的服务就是视频点播（VOD）。VOD是一种全新的电视收视方式，不像传统电视那样，用户只能被动地收看电视台播放的节目，为用户提供了更大的自由度，更多的选择权。具有更强的交互能力，传用户之所需，播用户之所点，有效地提高了节目的参与性、互动性。随着“三网融合”的不断推进，电视图书馆将成为巨大的交互式多媒体平台，用户不仅可以自由操控电视的各项智能功能，还可以收藏自己喜欢的栏目，可以对视频节目、书刊内容进行评论、分享，用户互动交流等成为信息传播和普及的重要渠道。以“国图空间”为例，是国家图书馆与北京歌华有线电视合作开通的世界上第一个由图书馆制作的专业电视频道。该频道采用双向信息传输技术，增加了交互能力，将传统的单向式传播转变为双向交互式传播，使数字电视图书馆成为方便快捷地交流信息的互动平台。

（四）可控性

与良莠不齐的网络资源不同，数字电视图书馆的内容具有可控性。数字电视内容是经过编辑、整理并由国家广电总局授权的数字电视运营商严格审核后才允许发布，电视阅读内容条理清晰，健康、安全，便于查找，不会淹没在海量信息之中。此外由于有线电视网络是一网专用，不易受到黑客攻击，版权保护容易实现，不易盗版侵权，为数字出版提供了安全保证。

（五）专题性

数字电视图书馆以图书馆为依托，可以充分发挥图书馆的资源优势，注重开发多样化资源，策划多种类型的选题，运用图书馆学、情报学、信息管理学专业手段整合图书馆馆域网内外资源，对各个专题进行策划、加工、制作、揭示，通过专业化的信息处理，改变一般数字图书馆只是将物理馆的内容移植到网络上的局限，打造多元文化形态的综合性信息服务平台。通过数字电视，图书馆可以将特定的信息向特定的用户群进行定时或滚动发布，从而提高了图书馆服务的针对性和有效性。以镇江电视图书馆为例，是在国家大力推进“三网融合”的背景下，视频类栏目轮流播放精选的舞台精品、名家戏曲、优秀电影、文化讲座和多媒体课堂等节目；图文类栏目包括欢乐家园、文心讲堂、文心展厅、发现镇江、翰苑撷英、心随阅动、童学书香、期刊博览，其中“期刊博览”引入了大型期刊数据库，把当前流行的 100 种期刊制作成电视期刊供观众收看，并实时更新。

三、数字电视图书馆的服务功能

图书馆通过数字电视平台走入家庭，不断研发具有图书馆特色的电视服务功能，不仅可以提供查阅图书馆馆藏书目、办理图书续借手续、浏览图书和期刊等功能，而且可以通过开展专业频道播出、视频点播、参考咨询等服务项目，为用户提供更开放、更灵活的图书馆服务内容，提升图书馆的文化传播能力，丰富人民群众的文化生活。数字电视图书馆的发展，使公共图书馆的信息服务得到了进一步的深化，从而提升了数字图书馆的服务水平。利用数字电视这个新平台，公共图书馆可以实现下述四个方面的服务。

（一）导航服务

导航服务是数字电视图书馆的窗口服务，利用数字电视图文并茂地介绍图书馆的一些基本情况，如图书馆的历史沿革、馆藏情况、新书通报、服务对象、借阅制度、图书馆各种活动的新闻公告等；根据馆藏特色，利用数字电视指导读者如何利用图书馆的资源，怎样进行文献、信息的检索查询等。

（二）视频播放服务

在数字电视图书馆系统中，视频播放可以让用户通过电视终端及时收看图书馆举行的各种专业讲座、学术报告以及各种用户培训、辅导讲座等视频影像，适时为用户提供符合当前形势的视频节目播放服务。此外，图书馆馆藏光盘资源，可以统一以光盘塔的形式对外服务，为用户提供光盘点播服务，满足用户自学的需求。这样既可以避免光盘被损坏，又可以提高光盘的使用率。视频资源涉及的学科范围广泛，包括语言、文字、哲学、宗教、政治、法律、军事、文化、教育、体育、经济、艺术、文学、工业技术、医药卫生、历史、地理、数理科学、化学、天文学、地球科学、生物科学、农业科学、航空、航天、环境科学、安全科学等领域。其中中外经典故事影片是视听资料收藏的一个重要方面。此外国家图书馆每年都花费大笔资金购买国外原版的影视精品 DVD 光盘，其中以经典电影、电视剧为主，也包含舞蹈、动漫等领域的经典作品。

（三）预览预约服务

随着数字电视图书馆的进一步发展和完善，用户不仅可以预览图书馆馆藏电子图书，还可以利用电视终端查询图书馆的馆藏书目和自己的借阅信息，进行自助式的图书预约和续借。

（四）专题服务

根据用户的信息需求，图书馆可确定视频资源收集范围和专题内容，在对信息资源进行分类、整理、序化的基础上，制作成有针对性和实用性较强的专题视频信息，并通过数字电视快捷地提供给用户。以国家图书馆的自有品牌栏目“文津讲坛”为例，该栏目选择的多为用户感兴趣的主题，知识涵盖历史、航天等多个学科，至今已经举办各类讲座 400 余场。

四、数字电视图书馆的应用状况

目前，我国数字电视图书馆建设尚处在探索阶段，有些地区的公共图书馆已经开展了数字电视图书馆的建设与服务工作。国家图书馆、江苏省常州图书馆、浙江省绍兴图书馆、天津泰达图书馆等积极与数字电视运营商合作，在数字电视上开辟了专业栏目，为用户提供公益服务，积累了不少成功的经验。特别是国家数字图书馆加入互联网电视服务，将图书馆的电视服务扩展到整个交互电视领域。

（一）国家图书馆

国家图书馆同北京歌华有线电视网络股份有限公司、北京市有线数字电视交互式服务平台共同推出的“国家图书馆数字频道”—“NLCTV”，是世界上第一个由图书馆制作的专业电视频道。此外，国家图书馆还利用 CIBN、CNTV 的互联网电视及 IP 电视通道，通过广电及电信的中央播控平台提供全国化图书馆数字电视服务，其中 CNTV 数字图书馆用户已有两千多万。

国家图书馆作为综合性研究图书馆和国家的总书库，拥有雄厚的自建数字化资源和媒体库，丰富海量的信息储备为实现数字化新媒体服务提供有力保障。国家图书馆制作的电视频道“国图空间”，展示了电子图书馆的双向式交互服务，是全球首家国家图书馆的数字电视应用服务，现已覆盖北京地区 360 余万户家庭，用户足不出户即可享受国家数字图书馆的资源和服务。本着服务大众、惠及全民的原则，针对不同文化层次、年龄阶段的使用群体，国家图书馆将资源内容加以整合分类。

其中包括文津讲坛、馆藏精品、图说百科、书刊推荐、文化播报、百年国图、经典流畅、经典相册、图书收藏、书画鉴赏、华夏遗珍、中华世遗、名城名镇、文保探幽、书刊预约等栏目。

（二）杭州图书馆

所有杭州有线电视用户可以 24 小时点击电视数字图书馆服务，数字电视登录“文澜在线”电视图书馆→华数数字电视首页→全媒体→文澜在线。结合电视信息传播与受众的特点，杭州电视图书馆开设了七个栏目：图书检索、个人空间、心随阅动、活动预告、视听专区、信息发布、数字杂志。

随着技术日臻完善，读者通过电视频道在线阅览即将成为现实。同时，按照泰达图书馆档案馆实施图书情报档案一体化创新管理模式要求，泰达数字电视图书馆将涉及的档案服务、信息服务、读者服务、资源介绍和服务指南在内的服务也集中整合在数字电视图书馆中的服务平台栏目中，为读者提供了便利。

五、数字电视图书馆的发展方向

（一）制定规范，全面推广

目前，人们已经认识到利用现有的电视网络将图书馆服务推送到家庭，是一种最经济、最高效的服务模式。为引导全民阅读的多元化发展，我国多家公共图书馆都已开展了基于交互电视的数字信息服务，数字电视图书馆已经成为公共图书馆开展无边界图书馆服务的重要延伸方向。数字电视图书馆的快速发展，开创了以数字电视为媒介，“家庭数字图书馆”为主体的服务模式，有效地促进了数字图书馆服务新业态的形成。“数字图书馆推广工程”在下一阶段将着力加强数字电视图书馆服务相关标准规范的制定，进一步完善项目体系建设。借助各地图书馆特色馆藏优势，优化资源加工流程，加大资源加工力度，逐步形成以特色服务为主体，以资源共建共享为基础，覆盖全国的“家庭数字图书馆”文化服务体系，为提升我国公共数字文化水平发挥积极作用。

（二）发挥优势，拓展功能

数字电视具有普及率高、操作简单，传输信号稳定、画面呈现清晰，节目容量大、服务范围广，可交互操作、符合个性化要求等特点，在家庭文化娱乐和文化传播方面拥有巨大的影响力和不可替代性，数字电视图书馆继承了数字电视的这些优点，同时又具有图书馆的资源优势，二者完美的结合必将实现阅读领域的一次飞跃。把图书馆服务“搬进读者家”，实现了读者“坐享其成”的梦想，为读者省去从家到图书馆的奔波劳顿，这将在很大程度上改变人们传统的阅读习惯。电视图书馆走入家庭，结合虚拟图书馆服务，使读者建立家庭电视图书馆成为可能。家庭电视图书馆将把数字资源和虚拟现实技术相结合，改变人们被动接受或机械点播的现状，为读者提供主动选择方式，为读者提供“全息服务”，提供更为广泛的个性化服务。

（三）三网互联，高度融合

目前电信网、广播电视网、互联网在向宽带通信网、数字电视网和新生代互联网演进过程中，其技术功能逐渐趋于一致，业务范围趋于相同，实现三网融合，网络互联互通，资源共建共享已成共识。公共图书馆应该构建以三网融合为基础的数字图书馆建设框架，将网站平台、智能移动终端平台与数字电视平台整合，不仅是资源的整合，更重要的是服务的整合，来共同构筑图书馆的立体网络服务体系，为用户提供不受地域限制、不受时间限制、不受访问工具限制的服务，提高公共图书馆的个性化服务水平。以杭州数字图书馆为例，市民可以通过网络、电视、手机三大信息平台来登录杭州数字图书馆，当然这三种访问方式也会各有侧重：网络的定位是各层次市民，主要为用户提供书目查询、预约续借等个人图书馆服务，馆内活动信息、国内外文化资讯查询服务，以及涵盖多学科的数据库资源服务，是集中体现现代图书馆文献收藏、文化传播、社会教育和信息服务等功能的综合性重要平台；电视主要面向在家的中老年读者和周末休息人群，提供书目查询、预约续借、新书推荐、活动信息预告以及大量的数字杂志阅读服务；手机则针对上班一族和年轻人，除提供个人图书馆服务外，还有近三千种大众期刊可以在线阅读。这样全时空的数字信息服务模式打破了传统图书馆馆内服务的限制，充分发挥了数字图书馆超越时空限制的优势，使数字图书馆成为人们生活的“第三空间”，真正嵌入了日常生活。

第七章　新媒体环境下公共图书馆阅读服务对策

第一节　公共图书馆在阅读服务中存在的问题

一、政府经费投入不足导致公共图书馆读者阅读服务覆盖面窄

（一）根据国内实际现状分析

1. 公共图书馆总量依然不足

当前，我国公共图书馆布局是按政府行政层级分级设置，县级公共图书馆是我国最基层的独立建制的公共图书馆，承担着为本辖区内包括农村人口在内的全部人口提供直接服务的任务。虽然对应全国各级别行政区划，公共图书馆已基本实现了全覆盖，但随着我国城市化进程的推进和公共图书馆事业的快速发展，加之受服务人口众多、服务范围较大、服务条件有限等因素制约，实际服务效果受到了影响，公共图书馆总量仍不能满足人民群众的需要。

2. 地区发展不平衡

尽管有些省、地公共图书馆在市辖区外建立了基层分馆或服务点，但与图书馆发展较快、资金充裕的地区相比，还有不少地方的图书馆资金短缺，藏书量少，新书不足，另有一些欠发达地区，基层图书馆办馆的起码条件还不达标。从近几年国家财政对文化投入所占比重可以看出，中西部地区国家财政投入要少于东部地区。

对于公共图书馆来说，经费依然不足，公共图书馆年度经费还是总体下滑。以近年来各县公共图书馆部分指标占全国比重为例，可以看出公共图书机构数、图书总藏量、新购藏量、公共图书馆馆舍面积呈现年度下滑趋势。

由于缺乏国家立法保障，各级政府对公共图书馆的建设和管理职能缺乏法律依据，公共图书馆的经费得不到持续稳定的政策保障，是我国公共图书馆事业发展过程中一个十分突出的问题。

（二）根据国际标准分析

1. 公共图书馆覆盖面窄

国际图书馆协会联合会 20 世纪 70 年代颁布的《公共图书馆标准》规定，每 5 万人拥有 1 座图书馆，每座图书馆服务辐射半径通常标准为 4 公里。我国全国共有公共图书馆 2 952 个，平均每 44 万人拥有 1 座公共图书馆，平均每 3 201 平方公里才拥有 1 座公共图书馆。读者距离图书馆在 4 公里以内，利用图书馆的频率就高。4 公里以外，读者利用图书馆的可能性随着距离的增加而指数会逐渐下降。发达国家的图书馆不仅深入每个社区而且遍及每个乡村，在住处不远的范围内肯定有一座图书馆。法国公共图书馆网络十分发达。大大小小的公共图书馆遍及各个城市、社区、街头，其数量、质量以及服务网络化的优势备受称赞。此外，法国的乡村汽车图书馆所编织的全方位乡村阅读服务网更是与众不同。

2. 公共图书馆阅读资源量不足

公共图书馆人均藏书量应为 1.5 册到 2.5 册，而我国人均拥有图书量少。公共图书馆资源总量的不足，使免费开放效益的发挥受到局限。

二、我国国民公共图书馆意识不强，对公共图书馆的利用率太低

在我国，公共图书馆的社会职能一直没有得到充分发挥，国民图书馆意识薄弱，利用图书馆的能力偏低。在发达国家，去公共图书馆是人们很自然的想法，公共图书馆是人们阅读、学习、研究、甚至是娱乐的公共场所。在俄罗斯，公共图书馆被人们认为是与教堂一样神圣的地方。在法国，图书馆是人们常去的地方，造访频率仅次于电影院。而在我国，节假日人们最常去的地方是电影院、游乐场等娱乐场所，去公共图书馆的人很少。

三、新媒体环境下公共图书馆网络体系尚不健全

新媒体时代的来临，使人们获取信息的途径更加多样化，在公共图书馆设施网络体系建设中，整体服务效能还有待提升。由于政府的管理体制造成各级图书馆之间的横向和纵向上都缺乏有效的联系与合作，难以形成一个统一协调的网络服务体系，由此在图书馆资源建设上的重复投入现象难以改变，再加上各自经济效益等因素的制约，公共图书馆在资源利用方面受到重重限制。而且由于一些基层政府经济实力薄弱，也造成大量基层图书馆缺乏可持续发展的能力，不能满足当地社会的实际需求。

第二节　新媒体环境下大众阅读方式对公共图书馆服务的影响

公共图书馆肩负着保存人类文化遗传、从事社会教育、传递科学情报、开发智力资源的基本职能。是民众理想的读书、学习场所，是满足人们不断增长的阅读需求的基本手段。可以通过对读者阅读行为的组织和管理，使阅读效率实现最大化，从而使终身学习、全民阅读成为我们的一种习惯和风尚，这是图书馆开展阅读教育工作的根本目的。新媒体环境下，随着大众阅读方式的嬗变，使图书馆的服务职能发生变革，与传统的文献信息服务相比，具有更广泛的服务范围，更多样的服务方式。

一、新媒体环境下大众阅读的含义

新媒体环境下，大众阅读指的是大众通过对新媒体相关技术的应用来进行阅读，由于新媒体技术的产生使大众阅读不再仅仅指单纯的阅读方式，阅读的理念也在随着新媒体技术的融入而发生改变与创新。新媒体是一个非常庞大的新兴媒介，在多个方面都促进了网络阅读的进一步发展。在现今社会的发展中实体图书阅读也在逐渐被新媒体阅读所代替，这使大众阅读产生了多元化以及娱乐化的特点。人们可利用多种阅读形式进行阅读，还能够不受时空限制地进行阅读。新媒体技术的应用使阅读内容从单一的文字变成了融入图像与音频共存的形式。

二、新媒体环境下图书馆对大众阅读进行引导存在的问题

当前新媒体技术种类越来越多，新媒体的实用率也得到了大幅度提升，我国新媒体阅读者占较大比例的是 18 ～ 40 岁的人，同时智能手机、平板电脑以及电子阅读占有很大的市场优势。图书馆发展受到一定的冲击。在新媒体环境下，现今我国图书馆的大众阅读引导力并不理想，其中存在以下一些问题。

（一）大众阅读资源建设不完善

目前我国大众阅读引导的现状是对于知识的阅读的重视性较大，而忽略了普通大众的阅读特征，对不同阅读内容有着相应的追求。在现今社会的发展中，许多人无法在图书馆中找到符合自身生活节奏的图书阅读。此外大众阅读需求变化的速度较快，图书馆并不能快速地与其同步。

（二）缺少相应的阅读环境

图书馆所提供的服务为传统的服务形式，不能满足人们随时随地进行阅读的需求，在阅读空间上仅仅能够满足小众需求，如此与网络相比显现出了劣势。但我国现今图书馆的阅读服务系统并不成熟，大部分图书馆仍然采用传统的图书借阅模式，借阅以及管理等与信息化技术融合不起来，大众的需求得不到有效满足。另外，图书馆对读者的阅读倾向以及行为等相关内容了解也比较少。

（三）图书馆人员缺少良好的服务意识

图书馆工作人员对于新媒体技术下的阅读引导存在误区并没有进行相应的服务，不能有效与读者进行交流，这使服务的效果减弱。图书馆从业人数在逐渐增多，但是其中中级职称馆员的数量较少，获得高级职称的馆员数量更少。另外，图书馆工作者对新媒体检索数字阅读的了解比较少，难以应用这些技术开展工作。

三、新媒体环境下图书馆对大众阅读的引导策略

（一）对图书馆资源进行详细分类

对图书馆资源要详细划分，结合新媒体时代下的读者阅读特点进行分析，将不同领域以及学科的馆藏资源进行详细分类，为图书馆读者提供更优质的阅读服务。在图书馆发展中，需要采用数字技术开展工作，使图书馆的定位得到创新，因此，应将视频、音频等数字化内容、电子图书文献等都纳入资源建设中，使图书馆的资源更加丰富，提升馆藏水平。图书馆还需要建立自身与读者之间的图书信息交流渠道，能够及时地对读者的反馈信息进行接收，并且更新图书目录以及馆藏数量，调整已有的资源。另外，图书馆应建立新书资源引入体系，使馆藏能够与网络资源实现同步更新，为读者提供更多的资源。

（二）建立图书馆无障碍数字阅读环境

首先，图书馆应改变导读服务重心，建立数字化阅读环境，为图书馆建立多媒体资源共享平台，配置数字阅读设备，给大众提供数字化阅读环境。

其次，应改变图书馆服务模式，可采用新媒体技术开展推广活动，例如使用微信以及微博等建立大众阅读交流平台，给读者推荐纸质图书或者其他形式的图书。结合图书借阅的频率发布图书推荐排行榜，这样可使人们更容易获取到阅读资源，有效实现图书馆的大众阅读引导作用。图书馆可开展一些好书评价网络活动，借助这类活动来鼓励大众进行阅读，能够积极进入图书馆。

最后，应开展具有个性化的服务，图书馆应重视对大众阅读需求的了解，为人们提供个性化的阅读定制服务，建立数字阅读档案，将阅读记录进行分类，并且预测大众的个性化阅读偏好。还应建立读者浏览以及检索数字技术平台，使读者结合需求进行检索，采用适合的阅览器进行阅读，并且对书目、服务进行点评，这样可使大众获得更好的阅读服务，

对图书馆的服务满意。

（三）提升图书馆工作人员信息技术能力

图书馆大众阅读引导不仅需要新媒体数字技术的支持，还应依靠图书馆工作人员的协助，由于新媒体环境下信息的处理成为了重要的内容，图书馆工作人员需要对信息进行充分利用，给大众阅读提供相应的信息参考以及咨询等服务，使图书馆服务工作能够具有更好的效果。一方面，图书馆工作人员需要进行信息加工，通过信息技术掌握大众对于图书需求的相关信息。另一方面，图书馆的工作者也可以对图书馆中的读者进行面对面的信息咨询，能够给读者提供信息咨询服务，使图书信息资源得到高效利用，能够满足人们的需求。同时，图书馆工作人员需要进行信息导航。随着新时代的不断发展，图书馆藏形式也处于不断变动之中，检索技术也得到了广泛应用，工作人员应提升自身的能力。在工作中，工作人员应学会组织网络的图书数据，以便为读者提供简单便捷的搜索方法，让读者可以进一步了解图书信息。此外工作人员还需要对于图书资源的分类与利用信息技术的相关工作有更深层次的了解，使某个专业领域的资料形成索引，便于查找使用，这样可使服务的质量提升。最后，工作人员应进行信息更新，不断增强自身对于图书信息的掌握能力，以便为广大读者带来更好的信息服务。工作人员要时刻了解大众读者的阅读需求状况能够让图书信息咨询的内容与其实现同步的变动。对于提供读书的信息也可以融入信息技术使其呈现多元化发展。

在新媒体环境下，让图书馆可以为更多人带来更优质的服务，使人们更多地通过图书馆获取阅读资源，应结合时代的特点充分利用信息化技术，改善图书馆的资源管理模式，加强阅读服务质量。

通过对图书馆资源进行详细分类的方式进行管理，进一步提升图书馆工作人员的专业技术能力，使每一位图书馆工作人员都可以为读者的阅读提供更好的服务。通过信息技术，为图书馆的发展获得更好的条件，更好地满足大众阅读需求。

四、对图书馆服务的影响

（一）服务对象的社会化

新媒体时代，随着公共图书馆的全面免费开放，图书馆从服务固有的读者，逐步扩展为服务社会大众，具有十分鲜明的社会化特点。公共图书馆面向社会开发信息产品，提供信息咨询等。这种信息服务延伸了图书馆的服务职能，使图书馆的服务对象实现社会化。

（二）服务内容的精品化与多样化

新媒体环境下，文献信息资源的结构发生了重要变化，图书馆赖以提供的信息资源具有类型多、跨时空、跨行业、语种多、非规范等多样化特点，文本、数据、图像、声频、视频等形式应有尽有，信息资源的选择也呈现出复杂性与多样性。读者利用信息的深度不断加深，不再满足于提供一般性服务，也不像以往那样关心信息资料量的问题，而是要求提供“快、精、新、全”的服务。使公共图书馆服务内容趋向精品化、多样化，服务质量趋向高优化。

（三）服务体系网络化与共享化

新媒体环境下，随着信息资源的数字化、传输的网络化以及技术标准和运行规划的统一，公共图书馆的阅读服务不再局限于馆际互借的传统模式，而是通过信息传输网络和以计算机为核心的现代信息工具，向读者提供数字化的书目信息、文摘信息乃至全文信息。网上的信息资源大部分都是公开免费的，为所有网络读者共享。数字时代实现了资源共享的目标，数字媒体的出现更是扩大和加速了信息流通与共享的范围，使各省市的公共图书馆由“单体”变为“组合”，使各馆的“独享”信息变为“共享”信息。

（四）服务模式便捷化

新媒体环境下，我国多数公共图书馆实现了内部局域网管理，服务手段也实现了自动化，自动化范围将在采访、编目、流通等业务环节和工作程序上充分利用计算机技术、办公自动化技术、多媒体技术、光盘技术、软件技术等，将捕捉到的新信息随时进行加工整理和传递，实现了现代化信息管理。

第三节　公共图书馆阅读服务对策

新媒体环境下，公共图书馆要提升公众影响力，就要不断扩展完善图书馆的阅读服务。新媒体与图书馆阅读服务的融合是时代发展的必然趋势，阅读服务的完善需要技术力量的充实，新媒体技术与阅读服务的无缝衔接，将为图书馆带来发展的新机遇。

一、坚持公共图书馆公益性的服务理念

公益性是图书馆的基本属性，无偿服务是图书馆事业发展的永恒主题。图书馆的建设应以公益服务为第一要务。

坚持以中国特色社会主义理论为指导，深入贯彻落实科学发展观，以建设社会主义核心价值体系为根本任务，以丰富人民精神文化生活、保障人民群众基本文化权益、满足人民群众基本文化需求为出发点和落脚点，按照体现公益性、基本性、均等性、便利性的要求，坚持政府主导，依循“保基本、强基层、建机制、重实效”的基本思路，以城乡基层建设为重点，以基础设施建设为依托，以技术创新为动力，以机制体制建设为保障，努力构建普遍均等、惠及全民的公共图书馆服务网络，全面提升各级公共图书馆的服务能力、服务水平和服务效益，最大限度地发挥公共图书馆在保护文献典籍、传承中华文化、建设学习型社会、培养公民高度的文化自觉和文化自信、提高全民族文明素质、建设社会主义文化

强国等方面的重要作用，推动公共图书馆事业更好更快地发展。

公共图书馆免费开放。全国所有公共图书馆实现无障碍、零门槛进入，公共空间设施场地全部免费开放，所提供的基本服务项目全部免费；全国所有一级馆、省级馆、省会城市馆、东部地区馆站免费提供的公共文化服务质量和水平不断提升，形成了两个以上服务品牌。其他图书馆实现了基本公共文化服务项目健全，并免费提供服务。

财政部、文化和旅游部联合下发了《关于推进全国美术馆、公共图书馆、文化馆（站）免费开放工作的意见》，就各级文化行政部门归口管理的美术馆、公共图书馆、文化馆（站）进一步向社会免费开放提出要求。

文化大发展、大繁荣惠及更多百姓，也是建设文化强国的根本出发点和落脚点，公共图书馆只有免费了，才有惠及和公共普及的可能，服务社会的目标才能实现。全面免费开放的举措，一定会改变部分人群远离书籍、远离精神文明成果的现实。由于这个便利条件的提供，今后将会有更多的人走进图书馆阅读，最终将从整体上提升全民的素质。公共图书馆免费开放一年来，全国读者图书借阅证件办理率平均提升近 30%，服务项目进一步扩大。同时，随着人数的激增，很多图书馆的现有设施、场地出现了与需求不相符的情况，排队、占座的现象较为普遍。深圳图书馆新馆在开馆伊始，就以“开放、平等、免费”的办馆理念，在业界和市民中产生了极大反响。深圳市民不带钱包就可以尽情在拥有一流网络化、数字化设备的深圳图书馆里享用 313 万余册书刊，近 267 万件各类电子、网络文献。盲人读者可在视障文献阅览室里尽情阅读盲文书刊，通过语音识别系统上网冲浪，残障市民可以无障碍地在图书馆里畅游，每一处细节无不体现着“最大限度满足读者需求”的公益服务宗旨。

让越来越多的民众可以读书、多读书、读好书，提升素质，是公共图书馆肩负的历史使命。如何保障公共图书馆社会阅读职能的充分发挥，让公共资源真正、切实惠及百姓，应该成为一种制度和共识。

二、加强馆藏文献信息资源体系建设

新媒体时代的一个重要特征就是多种媒体介质不断演变、发展融合，丰富的文献资源是公共图书馆现代化建设的必要条件，是为大众阅读提供优质服务的前提。公共图书馆文献信息资源体系是由馆藏信息资源、网络信息资源组成，以构建结构科学、内容特色、具有良好的可扩展性的思路建设文献信息资源体系，只有形成开放与共享，才能保障各种阅读人群的需求，更好地为大众阅读服务。

我国公共图书馆阅读资源严重不足。为满足读者多种多样的阅读需求，缓解馆舍不足、藏书不丰的困难，公共图书馆的信息资源建设应该发挥各图书馆自身的优势，在保证传统纸质资源的基础上，加强馆藏数字资源的建设和利用，完善馆藏资源的数字化建设。公共图书馆信息资源体系建设包括以下三个方面。

（一）自建数字资源

自建数字资源主要是指图书馆根据自有的文献信息资源进行数字化，形成具有自主版权的数据库，自建数字资源往往表现为图书馆自建的特色数据库。随着新媒体技术的发展，公共图书馆信息资源的挖掘和建设工作迫在眉睫。在继续加快和完善馆藏文献资源数字化进程的同时，公共图书馆应立足当地的经济发展以及大众阅读需求，进行收集、组织、筛选、加工相关的地方特色资源，开发出内容强大、特色鲜明的数据库。在自建数据库时，必须要考虑大众的需求，优化图书馆的数字资源，开发一些大众需要的、感兴趣的资源，从而吸引大众主动利用图书馆，提高公共图书馆馆藏资源的利用率，更好地为大众阅读提供服务。

（二）外购数字资源

由于公共图书馆经费、技术上的局限性，加之版权问题，图书馆很难自己开发大量数字资源，大多数公共图书馆购买了成熟的数字资源产品，引进的各种国内外拥有使用权限的联机数据库或者安装在馆内的镜像站点，类型包括题录、文摘和全文数据库，如中国知网数据库、人大复印资料数据库、超星、龙源电子期刊、方正数字报纸等。图书馆购买这些数字资源时，应在充分调研现有馆藏的基础上，立足本馆实际，统筹规划，加大数字资源的采购力度，保证数字资源的连续性和完整性。

（三）整合网络资源

新媒体时代，网络资源呈几何级数增长，已成为社会阅读的重要组成部分。以网络信息资源为主的“虚拟馆藏”体系是图书馆资源的一个重要组成部分，各个图书馆是整个计算机网络上的一个节点，属资源子网范畴，公共图书馆既是网上的信息服务提供者，又是信息资源建设者、组织者和管理者，因此图书馆应充分利用虚拟馆藏整体功能的手段，注重网上资源建设。

1. 特色信息资源建设

图书馆网络信息资源是存在于图书馆网络中的、各种经过图书馆处理存储的数字化信息资源的总和，是为了满足大众阅读需求、提供网络检索服务的各种信息。公共图书馆网络信息资源建设应以建设特色数字资源、编制各种特色数据库为基础，以网络地方文献资源建设为重要发展方向，注意保持重要网络地方文献资源的系统性和完整性，形成合理的特色信息资源建设体系。

加大公共图书馆的地方特色资源建设，建立全国的信息资源保障体系，最大程度实现资源的有效利用与共享，为公共图书馆开展多层次、多元化、多样化的信息服务提供保障。避免政府重复建设，重复投资，造成人员、资金和时间的极大浪费。

逐步在全国形成分级分布的，与各级公共图书馆功能任务相适应的，涵盖纸本文献、缩微文献、数字资源等各种资源类型的国家文献信息资源保障体系，重点开展地方特色资源建设，实现对地域性文化资源的传承与利用。

网络信息资源建设要根据图书馆自身条件和基础与信息源状况和大众阅读的现实需求来制定、实施，最终目的就是向大众提供便捷、及时、准确的信息，以满足大众的阅读需求。

2. 网络导航建设

公共图书馆的读者群具有广泛性的特点，为了满足这种大众化对知识与信息的需求，要整合网上的资源，通过建立链接起到电子资源导航的作用。公共图书馆整合网络资源要以大众需求为前提，围绕大众所关注的热点问题，本着终身教育和获取信息这两个原则进行。如天津图书馆整合了图书馆网站、读书网站、教育资源、文化信息、网络百科咨询、专业检索、开放获取资源、学术信息门户等。

上海图书馆的虚拟电子资源整合了经济、法律、咨询、房地产、教育、城市六个方面的网上资源，内容相当丰富，涉及大众普遍关心的问题。

深圳图书馆的网络导航整合了参考资料：公共图书馆、搜索引擎、网上参考工具书；文化教育：组织机构、留学资讯、就业信息；电子文献：图书、报纸、期刊、免费数据库；语言学习：学英语、学普通话、学其他语言等十多个方面的网上资源。

广州图书馆网海导航涉及图书馆和档案馆、电子文献和数据库检索、网上虚拟咨询、学科导航、中国国情报告、政府机构、新闻媒体以及广州便民查询（电子地图、公交查询、航班查询、列车查询、气象查询）的内容。

浙江图书馆的网海导航包括国内外图书馆、数据库、新闻媒体、政府机构、学科导航。

三、开展多元化的阅读服务方式

在新媒体时代，阅读与技术融合，给读者带来了与以往全然不同的阅读体验，大众阅读媒介多种多样，阅读的内容丰富多彩，公共图书馆的阅读服务，也要顺应时代潮流的要求，积极利用现代信息技术，进一步推动服务创新，提高服务专业化水平，积极探索形式多样、内容广泛的服务模式；开展多种形式的延伸服务，向大众提供多元化的服务手段，满足大众的多种阅读需求，全面提升公共图书馆服务能力，进一步提高公众对图书馆服务的满意率，增强公共图书馆的社会影响力。

（一）开通网上实时阅读指导平台

公共图书馆不仅要满足大众的阅读需求，更要担负起阅读指导的职责。新媒体技术的发展为公共图书馆进行网上阅读指导提供了可靠的保证，为此公共图书馆可以开通多种阅读服务，满足大众阅读需求。

1. 书刊介绍和评论、推荐

公共图书馆可以利用图书馆网站，随时介绍本馆新到的图书，根据馆内的借阅排行榜，向读者推介当前社会上流行的热门书刊，并提供相关的下载服务，让读者经济实用地利用好图书馆资源，随时随地自觉开展健康阅读活动。如深圳图书馆网站开设的“读者园地”栏目，图书馆馆员可以通过“每月新书”“书刊推介”“外借排行榜”“读者荐购”了解到当前大众阅读关注的热点和阅读倾向，从而有针对性地指导读者阅读，减少阅读的盲目性。

此外，书评是一种重要的导读手段，对于传播图书信息、引导阅读、提高读者阅读水平起着重要的作用。公共图书馆可以建立评论型数据库，收集符合本馆馆藏方向的书评信息，或选购有关书评的文献资料及光盘资源，建立书评信息资源库，帮助读者有针对性地选书、读书。读者不仅可以评书，还可以评刊、评网、评报，这不仅可以提高大众阅读的方向性，还可以强化公共图书馆的有效服务。

2. 建立互动式的阅读平台

新媒体环境下，人们的阅读方式，从传统文本的线性阅读转向超文本的非线性阅读；从纯文本的文字阅读转向多媒体文本的视听读兼备的阅读，从单向接受式阅读转向检索式、互动式阅读。作为公共图书馆，如何在读者互动的领域指导阅读是图书馆面临的重要课题。

为了提高阅读的广度和效率，公共图书馆可以建立自己的读者群，利用手机、电脑等媒介，通过短信、QQ、微信、微博、邮箱等，与读者进行互动，对读者在阅读过程中遇到的问题进行指导，了解读者的阅读倾向和阅读心理，及时掌握读者的阅读动态，提供阅读指导，同时也提供一个图书馆馆员与读者交流沟通的平台。另外，读者在获取自己需要的阅读信息时，可以和图书馆馆员进行沟通和反馈，借助新媒体技术，通过微博、微信、短信等随时发表自己的阅读观点和意见。这种互动式的阅读平台，不仅有利于读者阅读信息的筛选、甄别，在一定程度上也促进了阅读的推广。

互动式阅读平台一般在图书馆主页上有聊天咨询服务的入口，读者通过输入读者名和密码等进行身份认证，即可进行服务交谈。这种方式能让双方及时进行文本信息的交互。利用这种实时咨询，读者和咨询馆员把问题和答案“敲”在屏幕上，双方所有信息都显示在一个界面上，实时进行交互。目前，比较流行的聊天软件产品有两类：即时通信系统和网络聊天室。

（1）利用 QQ 建立互动平台

如江苏省公共图书馆每天 9:00 ～ 17：30 利用 QQ 进行实时咨询，指导读者阅读。

（2）利用电子邮箱建立的互动式平台

如深圳图书馆利用电子邮箱，通过填制表单进行阅读指导。

（3）利用微博建立互动式阅读平台

图书馆利用微博进行读者与馆员之间、读者之间、馆员之间的信息交流。读者可以随时向图书馆员咨询馆藏情况、对图书进行荐购，向图书馆员提供建议。图书馆员根据读者微博的实时评论，了解读者的阅读需求，为图书馆的资源配置、文献采访等工作提供依据，从而更好地为读者阅读提供服务。读者也能抓住稍纵即逝的灵感，利用微博实现读者心得交流，好书推荐共享。馆员之间可以互相交流工作经验，增强彼此的工作协调性。

（二）加强网络信息资源的阅读导航

网络资源极其丰富，但良莠不齐，为指导大众阅读，图书馆员要对网络资源进行去粗取精、去伪存真的筛选整理工作。如同在传统阅读指导下所做的推荐书目和专题书目一样，网络阅读指导也需要“推荐网站”和“专题网络”资源导航。其主要内容包括馆藏资源导航、网络资源导航和网站导航。

1. 馆藏资源导航

对有特色、有价值的馆藏数字资源有针对性、有重点、有选择地在图书馆网站上向读者介绍、推荐，指导读者浏览、检索馆藏中不同数据库的信息资源。

2. 网上资源导航

新媒体时代，文献数字化的发展、网上信息资源的大量增加，促使各种搜索引擎产生，知识导航进入多元化、多重化发展。图书馆馆员的服务要发挥知识信息筛选、整合、重组、传播的作用和知识信息侦察员的作用，要根据读者阅读需求和信息的实用价值，进行分析、选择、评价、加工、整序，建立信息导航系统和联机检索系统，提供集成化信息检索界面，方便读者检索利用。充分利用网络资源，开发传递有效信息，以便最大限度地满足读者的阅读需求。

3. 网站导航

向读者推荐热门站点或相关站点，这是网上导读利用最多、最简单直接的导读方式。图书馆应当在网上有重点地选择电子期刊、电子图书和电子报纸；选择优秀作者和专业研究人员的个人网页；选择内容准确、更新及时、检索方便的权威数据库和联机数据库服务商。对那些难以搜寻的免费网络资源，分别描述其内容特色和检索利用方法，记录其网址，建立本馆的网络信息资源目录，同时为读者提供集成化的专业信息检索界面。要加强网络浏览导航，避免读者盲目浏览，以节省时间，提高阅读效率。这是一种使网络资源增值的重要方法。

（三）开展个性化阅读服务

新媒体技术的发展使公共图书馆针对大众千差万别的阅读需求，提供个性化的阅读服务成为可能。个性化服务是与传统图书馆的共性服务相对的特色服务，是新媒体环境下公共图书馆阅读服务的深化和发展，是在技术进步基础上开展具有针对性的满足大众及其特定主题需求的一种服务。开展个性化服务是为了更好地揭示图书馆的文献资源，发挥图书馆的效率，满足大众的多样化阅读需求，提升公共图书馆的阅读服务质量，实现图书馆阅读服务在时空、方式与内容等多层面上的个性化。

具体地说，开展个性化阅读服务有三方面的含义：第一，时空服务的个性化，即读者在特定的时间和特定的地点得到服务；第二，服务方式的个性化，即根据读者个人的爱好或特点展开服务；第三，服务内容的个性化，所提供的服务不再千篇一律而是各取所需、各得其所。图书馆开展个性化阅读服务，可充分了解和推测读者需求，为读者提供更加到位的服务，大大提高读者的满意度，同时通过与读者的沟通，改善与读者的关系，增加读者的忠诚度，为图书馆的生存与发展创造更加广阔的空间。

个性化阅读服务的方式很多，目前公共图书馆能够提供的个性化服务主要包括：定题服务、信息推送服务、信息帮助检索服务、信息智能代理服务、数据挖掘服务、信息分类定制服务——我的图书馆等方式。

1. 定题服务

定题服务的英文简称 SDI，是信息的选择性传播，是图书馆传统的信息服务内容。所谓定题服务，是指信息工作机构根据用户对某一学科领域的信息需求确定服务主题，然后围绕主题主动对信息进行收集、筛选、整理，并以定期和不定期的形式提供给用户，是决策支持服务，是传统的定题服务在新媒体环境下的进一步深化。在馆藏资源数字化的公共图书馆里，运用检索技术可以快速对信息进行检索和整合加工，生产出符合用户需求的信息产品。公共图书馆还可以根据读者的阅读需求，开发建设信息产品数据库，用于存储信息服务产品，从而进一步简化服务程序提高服务效率。

2. 信息推送服务

信息推送服务是在定题服务的基础上，运用推送技术开展的一种新型服务。新媒体环境下的推送模式服务是传统定题服务在网络环境下的延伸和扩展，是新媒体时代个性化服务的基础性技术支撑。推送服务最大的特点是能实现用户一次输入请求，定期不断地接收最新的信息。推送服务包括由智能软件完成的全自动信息推送服务和由人工借助 E-mail 进行的邮件式推送服务两大类。一般先由用户向系统输入自己的信息需求，然后由系统或人工在网络上对信息进行有针对性的查找，最后通过邮件、“频道”报送、预留网页等多种途径，定期将所需信息通过电脑、手机或数字电视媒介告知用户。

3. 信息帮助检索服务

如何帮助用户进行高效的信息搜索是当今公共图书馆阅读服务向纵深发展的一个重要内容。目前人们更多的是通过研究读者检索行为特点，设计相应的检索智能帮助软件来帮助用户进行高效的信息搜索。用户在信息搜索过程中常常不能清晰地表达目的（信息需求），大部分用户在搜索过程中需要不断地调整信息需求与目标，一个好的检索系统应该允许用户多次估价目标，由此调整检索策略。系统应该在用户修改所提问题的过程中为用户提供帮助，使用户非常容易地进入系统搜索其所需的内容。如用户输入了一个检索词，系统就会在界面上显示各种与该检索词有逻辑关联的词组，以供用户选择。这样可以通过帮助用户选择更接近自己检索目标的检索词来提高信息查询效率。

4. 信息智能代理服务

图书馆的用户在检索信息时，有时不是很明确自己的需求，或者用户虽然知道自己的需求，但却不知道如何准确地表达出来，分类定制的方法让用户在填写兴趣表单时不知所措，而智能代理服务就能很好地解决这一问题，是一种能够完成任务的智能计算机系统。这种智能技术能够模仿人的行为完成一定的任务，不需要或很少需要用户的干预和指导就能执行委托任务。这种服务方式是通过某些智能代理软件，根据用户设定的关键词等检索条件，自动地在图书馆网站或互联网中主动搜集符合用户需求的或能引起用户兴趣的信息，并定期或不定期地将这些信息传送给用户。

5. 数据挖掘服务

数据挖掘也称知识发现，是从大量的内部数据库和 Internet 网络信息中获取人们感兴趣的、潜在的、隐含的知识，是对有用的信息内容进行深层次的分析与挖掘。

公共图书馆中的数据挖掘主要是从图书馆馆藏数据库及浩如烟海的网络中发现并提取隐性信息与从读者注册信息及每次浏览事务中挖掘，找出用户的浏览模式和兴趣模式，帮助用户从图书馆大型数据库和网络信息空间中发现并提取隐藏在其中的信息，目的是帮助用户寻找数据间潜在的关联，发现被忽略的要素。而这些信息对决策者的预测和决策也许是十分必要的。

公共图书馆可借助数据挖掘提升服务水平，使图书馆成为一个智能型的阅读信息提供商。

6. 信息分类定制服务——我的图书馆

个性化定制技术是按照用户要求定制特殊用户界面的技术，运用这种技术，能提供交互性的用户服务。是一种以用户为核心，在网络上进行个性化信息资源管理的方式。是一种基于 Web 数据库平台的图书馆个性化信息服务系统，即私人数据库。是一个以用户为中心的读者可操作的个性化地收集、组织网络信息资源的个性化服务平台。它是根据不同读者的不同信息需求而定制的一种完全个性化的私人信息空间。

允许个人创建一种列有图书馆可获得信息资源的网页，实现图书馆与读者之间适时的动态联系，系统随时根据读者的要求自动提供其信息。系统的目的是通过允许读者选择定制自己所需的信息资源并自己进行资源的组织以减少信息超载。系统主要功能是定制图书馆资源及其他 Web 资源，个人图书馆管理，与图书馆自动化系统 OPAC 的接口，个人链接收藏，最新资料通告，页面资源布局、色彩、字体等。是最具代表性的图书馆个性化服务的成功方案。

以上海图书馆为例，读者自己可以用计算机或移动媒介从上海图书馆网站所提供的全部数字资源里，选择自己所需要的信息组织在“我的图书馆”中，之后通过访问“我的图书馆”网页，读者就能获取所需信息的最新内容。可以完成书目的借阅查询、借阅历史查询，书目查询等功能。读者可以在不到馆的情况下了解图书信息。总之，读者利用这一个性化服务可以了解图书馆书目信息，大大提高了读者利用图书馆的效率，这项服务也是提高数字化图书馆服务质量的重要手段。

在新媒体环境下，“我的图书馆”服务系统不仅面向计算机用户，也向移动用户提供“我的图书馆”服务，杭州数字图书馆电视平台就可提供“个人空间”服务。随着电视入网工作的推进，今后用户可通过家中的电视机登录“我的图书馆”，定制自己感兴趣的信息、管理自己个人的图书馆账户、关注或参与丰富多彩的图书馆文化活动等，尤其是对不便使用互联网和手机的图书馆用户而言，可极大地改善这一人群的用户体验。

四、推动公共图书馆延伸服务，形成公共图书馆服务网络全覆盖

服务网络全覆盖是提高大众阅读率的基本前提。新媒体环境下，我国各级公共图书馆的资源保障能力、技术和服务水平还存在较大差距，地区发展不平衡，政府投入比重有差异，因此要积极推广总分馆、流动图书馆（站）等延伸服务方式，实现各级公共图书馆资源和服务的有效整合、统筹发展，形成公共图书馆馆内服务和馆外流动服务相互补充的格局，吸引更多民众利用图书馆，充分发挥公共图书馆在全民阅读中的主阵地作用。

（一）总分馆服务

新媒体环境下，大众阅读需求日益多样化，对公共图书馆的服务内容、方式、环境、技术都提出了更高的要求，一级政府设置一个图书馆，一个城市只有一个图书馆的状况不能满足大众的阅读需要。通过构建合理、星罗棋布的图书馆让所有人都能快捷、方便地享受公共图书馆的服务。总分馆制是单馆制的进步和发展，是能覆盖全社会的公共图书馆的服务体系，在不改变各参与图书馆的行政隶属、人事和财政关系的前提下，以一个规模较大、文献资源较丰富、技术力量较强的图书馆为总馆，其他在某一方面与其具有共同利益关系的图书馆为分馆，根据资源共享的需要，自发地组成类似总分馆关系的合作机制。

总分馆服务根据统一的政策与要求，各图书馆通过多种方式的联合与合作，在资源建设、用户服务、技术支持、管理协调等方面统一规划、统一建设、协同管理、联合服务、资源共享。以有效利用资源，提高服务效率为目的，通过一体化和专业化的管理，实现体系内各级图书馆之间的资源共享和服务的互动与互联，提高社会服务效益。

实行总分馆制是新媒体环境下我国构建公共图书馆服务体系，实现文化均等，惠及全民的先进服务与管理模式。公共图书馆的总分馆制建设在我国刚刚起步，现有以下几种模式。

第一，北京一卡通模式：北京市实现首都图书馆、区（县）图书馆、街道和乡镇图书馆三级互联，全市各级图书馆联合采编、联合检索、馆际互借、资源共享和“一卡通”通借通还服务，读者可以在全市任何一家联网馆异地借阅。全市形成了以首都图书馆为中心馆，22个区、县级图书馆为分馆，118家街道、乡镇级图书馆加入的服务网络，实现了首都图书馆—区（县）图书馆—街道、乡镇图书馆三级互联。网络工程建设继续扩大覆盖范围，将在朝阳区、海淀区以及大兴区建设街道、乡镇级图书馆26个，全市各区、县级图书馆及各街道、乡镇级图书馆全部纳入网络，并辅以流动图书服务车，并全部实现“一卡通”通借通还服务。

第二，上海中心馆模式：上海中心馆模式是以上海图书馆为总馆，市内各公共、大学和科研机构的图书馆为分馆的地区文献资源共建共享体系。目前，已建立分馆35所，总馆与分馆之间实现通借通还，资源共享。目前总分馆数达108家，成为全球城市图书馆最大的单一集群系统。

第三，天津社区分馆模式：天津图书馆开展以天津图书馆、区县级图书馆和街道社会三方面合作的方式开展读者阅读服务。现已建成60家社区分馆，社区分馆根据居民的阅读需求，可以向天津图书馆要求直接采购，并以通借通还的方式，方便读者借阅。

第四，浙江嘉兴模式：在嘉兴市政府主导下，由市、区、镇三级政府共同投资建设，市图书馆统一负责人、财、物的管理，将市图书馆的资源、管理和现代化服务延伸到乡镇分馆的总分馆体系。在嘉兴模式中，其体系层级包括总馆、区及乡镇分馆、社区及乡村服务点，构成一个层级式的“三级服务网络”，其中总馆是分馆的依托，在保证分馆服务能力的前提下，再由各分馆去辐射辖区内的社区或乡村服务点，资源和服务力通过这个三级网络层层传递，有望解决服务体系末端的可持续发展和规范管理问题。

第五，深圳福田模式：深圳福田区以区图书馆为总馆、以街道图书馆为分馆、以社区图书馆为节点的总分馆体系，不仅开创了基层图书馆建设的先河，更实现了图书馆资源利用的最大化。构筑了一个规模庞大、覆盖全区、运行稳定的区—街道—社区三级总分馆网络。在这座无形的知识之城里，读者只要拥有一张读者卡，即可在全区范围内任何一家公共图书馆享受阅览文献、借还文献、查阅数字资源等服务，以及一卡通用的通借通还功能。福田区图书馆确立了“统一拨款、统一采购、统一编目、统一配置、统一服务”的区总分馆制管理模式。在“五个统一”的管理模式下，新建街道分馆和社区图书馆均按统一的标准建设，所有基层馆逐步实现基础设施标准化、文献资源共享化、服务工作网络化。各街道、社区与区图书馆签订协议，确立街道、社区图书馆作为区图书馆的分馆或服务点，接受区图书馆总馆的业务管理。各馆后续运营经费由区图书馆负责每年向区政府集中申请、统一拨付，文献由区馆统一采购、集中分编加工并按需要统一分配，各馆业务工作由区图书馆总馆统一指挥管理，由此形成了完善的总分馆服务网络体系，强化了百家基层图书馆在读者服务工作上的统一协调，实现了基层公共图书馆事业的持续、稳定发展。总分馆制建设在福田的积极探索和实践中卓有成效。自启动社区分馆建设以来，福田百余个总分馆无论是服务网点、藏书总量还是文献外借数量、图书借阅证办理数量及接待读者数量，均呈逐年稳步增长态势。如今，福田区公共图书馆网点星罗棋布、互通互联、资源共享，一个覆盖全城、服务全民、文献信息资源共享的福田大图书馆网已然形成，为市民提供了功能完善、方便快捷的图书馆服务。

第六，苏州模式：苏州率先在全国实行公共图书馆的总分馆制，建成了统一采购、统一编目、统一配送和通借通还的体系，目前全市已建有市级总馆1个，县市、区级总馆7个，分馆160个，拥有流动服务车9台，2012年全市共接待到馆读者近2 500万人次。

第七，东莞模式：以东莞图书馆为总馆，各街道、各系统图书馆为分馆，以村、社区图书馆，单位内部图书馆资料室为网点，以图书流动车为补充和调节手段的地区性图书馆集群网。它是经政府发文，由市政府和各街道（乡镇）政府共同出资、共同推动实施的一种模式。整个体系采用统一管理，分层服务，体系内的人、财、物由总馆统一调配，实现了统一采购、集中编目、通借通还。但是除购书经费外，各分馆其他费用仍由当地地方政府承担，人员的录用和管理尚未纳入统一管理的范畴。实现经费和人员一体化管理是其第二步目标，从而由行政管理转为行业管理，最终建立起国际上通行的总分馆体系。

第八，长春模式：长春市图书馆是以创建“协作图书馆”的模式，探索地区总分馆制，构建公共图书馆服务体系的。在政府没有投入专项经费的情况下，通过整合现有的资源、技术、设备，联合地区公共图书馆共同推行总分馆间的业务建设与服务，建成以长春图书馆为中心馆（总馆），以县（市）区图书馆为分馆，以街道、社区、乡镇、村等为基层网点的三级图书馆网络；实施以中心馆为指导，以县区馆为骨干，以基层网点为重点的发展模式。

（二）汽车图书馆服务

汽车图书馆是大、中型图书馆采用的一种馆外流通服务方式，也是图书馆为大众阅读服务提供进一步延伸的一个重要步骤。将图书、期刊、多媒体视听资料送进暂时没有公共图书馆的厂区、街道、社区和边远山区，开展定时定点服务，让读者就近看到最新最全的图书，方便读者阅读，满足大众阅读的需要。打破地域限制，现场为读者借阅和阅读辅导。

汽车图书馆，一般用装有书架、借书桌等设备的汽车，配备有包括笔记本电脑、投影仪、监控器等先进设备在内的自动化管理服务系统，提供图书借阅，采用无线上网现代技术手段，与中心图书馆互连实现通借通还，并可现场办理图书借阅证、查询、下载所需信息。如广州图书馆在各服务点全面实施通借通还服务，读者在广州图书馆外借的图书，可以在汽车图书馆办理还书手续，反之亦然。

通借通还服务模式的成功应用，标志着图书馆在馆外服务方式上的新突破，扩大了汽车图书馆的服务功能，同时也标志着汽车图书馆服务迈上新台阶。广州图书馆购置了一辆绿色环保空调大巴，并将其改造成为智能型流动图书馆。新流动图书馆全面应用无线射频识别技术（RFID），直接采用身份证为读者证，能够提供自助借还，自助办理图书借阅证，电子资源阅览、下载等服务，并实现与总馆、各合作馆间的通借通还服务。新流动图书馆充分体现了图书馆服务“普遍均等、惠及全民”的特色，服务网络覆盖广州市 12 个区县，服务设点遍及保障房小区、各区文化广场及部队、机关等，有效地将图书馆的资源和服务延伸到服务“盲点”。采取集体点服务与广场社区点服务相结合的服务模式，逢周二、周四为集体、单位服务，一线多点为集体服务点集体借还图书；周五至周日为公众服务，主要设点在各区文化广场及社区文化广场，为周边市民提供图书阅览、外借及电子图书阅览服务（服务全面应用先进技术，如 GPS 卫星全球定位系统、LED 大屏幕显示信息发布系统、触屏查阅系统、全天候安防、录像监控系统等）。

（三）城市街区自助图书馆服务

自助图书馆是一项创新型的系统工程，是一个网络化的服务模式。集成化的终端设备，社会化的配送与维护，促进了图书馆服务的便利化、均等化，提升了图书馆的形象。自助图书馆使图书馆服务走进街区、迈向千家万户，推动了全民阅读。

自助图书馆的出现引发了图书馆诸多业务的变革：第一，创新了图书馆的技术手段，使图书馆从自动化、数字化迈向人性化、网络化、智能化；第二，改变了图书馆的服务模式，实现了图书馆服务时间的延长、地域的延伸和资源的流动；第三，创新了图书馆的建设模式，通过服务机和网络将图书馆“建”到读者身边，与基层图书馆功能互补，节约了图书馆的建设成本及土地资源、人力资源，布点灵活简便；第四，增强了图书馆管理与运营模式，中心管理和社会化管理有机结合，通过科学的布点、配送策略和运营管理，提高了图书馆整体的服务质量与服务效果。

自助图书馆使图书馆的服务不再受时间、地点的限制，更追求一种服务效果，而规模小、周转周期快，效果反应显著，受到市民的欢迎。城市街区自助图书馆走进街区，市民可以就近办理借书证，享受图书馆各项免费服务，其服务项目包括：

1. 自助借书

持具有外借功能的图书馆读者证（含少儿读者证）可在任意一台自助图书馆服务机上借阅图书。

2. 自助还书

读者在图书馆借的图书或在自助图书馆借的图书均可以归还到任何一个自助图书馆。

3. 申办读者证

可凭第二代居民身份证在自助图书馆服务机上申办图书馆读者证；不再使用读者证时可携身份证到图书馆退证，图书馆返还借书押金和预付款。

4. 预借服务

读者通过自助图书馆查询机或登录图书馆网站查到所需图书，凭具有中文文献外借功能的读者证可提出预借请求；图书馆工作人员在两天内将读者预借的图书送达读者指定的自助图书馆，并通过短信方式通知读者；读者收到通知后须在两天内凭本人读者证到指定自助图书馆取书，过时不取，此书将开放借阅。

5. 续借服务

读者可在自助图书馆服务机上办理图书续借手续。

6. 查询服务

读者可通过自助图书馆查询机访问图书馆网站，查询图书馆信息和馆藏状况，提出中文图书预借请求。

7. 存入预付款与滞纳金自助缴款

读者可存入预付款，以方便在自助图书馆服务机上自助扣缴滞纳金，在图书馆办理自助复印、自助打印等项业务。

自助图书馆建立了城域化的计算机网络，实践了城域化的物流管理，探索了中心的监控与管理机制，形成了统一服务的模式和技术平台，更使人们感受到了统一服务的便利，从而满足广大市民的阅读需求。

（四）开展形式多样的阅读推广活动，引导读者进行深层次的传统阅读

公共图书馆以其深厚的文化底蕴成为构建阅读社会的主要阵地，引导大众阅读行为是公共图书馆促进全民阅读的核心工作。新媒体环境下，公共图书馆仍然要肩负起引导读者进行深层次的传统阅读的重任，要善于运用馆藏文献，梳理经典的理论和知识脉络，发挥公共图书馆的专业性和权威性，让读者在浩如烟海的信息中能解决阅读中遇到的诸多问题。

传统经典的阅读不仅是为了获取知识，也是为了中华文化的传承与发展。图书馆一方面要帮助读者树立良好的阅读动机，意识到传统阅读的优越性，学会深度阅读、深度思考，自觉养成阅读的好习惯。另一方面也要培养读者对书本阅读的兴趣，形成良好的读书风气，从而全面地提高大众的阅读素质和阅读质量。

公共图书馆应根据读者的阅读需求及特点，开展形式多样的读书活动，吸引更多读者走进图书馆、利用图书馆。比如举办读书讲座、报告会，组织读书会，开展特定主题的读书活动，进行用户教育与读者培训等，以此激发大众的阅读热情。

1. 形成图书馆讲座的体系和品牌

公共图书馆讲座是传播公共文化信息，指导大众阅读，开展社会文化活动，拓展服务领域的一个重要文化服务传播平台。讲座的举办，不仅为图书馆社会教育与文化传播职能作用的体现和发挥注入了新的内涵，也使图书馆资源得以深度地利用和广度地扩展。新媒体时代，图书馆讲座应用其独特的文化魅力和深厚的文化内涵以某一课题为中心，辅以网络技术和多媒体技术，力求科学与人文一体化，知识与趣味相结合，把固定的知识变成可以无限外延的动态知识，在开阔公民视野的同时，直接为大众阅读提供指导、服务。

新中国成立以来，图书馆一直坚持举办各级各类公益性讲座，其发展轨迹基本可分为三个历史阶段。

第一阶段是新中国成立初期到改革开放之前。这一阶段的讲座形式主要以报告会为主。内容一般局限于时事报告、政治宣传报告、文学讲座等。其中比较有影响的是原北京图书馆的周末文学讲座。当时的著名学者几乎都在那里做过讲座，如郭沫若、老舍、艾青等，给很多人留下了深刻的印象。

第二阶段是改革开放之后到2000年之前。上海图书馆的“上图讲座”，在全国是“一枝独秀”。“上图讲座”为宣传新思想、传播新文化、提倡新风尚，为引领图书馆讲座事业的发展做出了卓越的贡献。始于20世纪80年代的湖南省图书馆的“文学系列讲座”、广州图书馆的“自学辅导讲座”；始于20世纪90年代初的金陵图书馆的“星期天免费讲座”、吉林省图书馆的“休闲时光话读书”系列讲座，也都在一定区域内产生了比较大的影响。

第三阶段是2000年以后，这一阶段是图书馆讲座发展的高速增长期。近年来，公益讲座已经以其独特的优势成为图书馆核心业务之一，成为图书馆履行社会教育职能、传播先进文化的重要手段，成为广大市民获取信息知识及文化休闲的主要形式。

随着新媒体技术的发展，现代化手段体现在图书馆讲座的各个环节。讲座预告，利用

互联网 BBS 发布公告、手机短信群发等手段，广而告之；讲座过程中，结合需要，综合使用电子演示文稿、现场音视频采集系统、网络视频直播、同声传译系统等现代化手段；讲座结束后，通过数字化编辑系统将全程摄录的讲座制作成多媒体光盘，进一步扩大讲座的受众面和影响力。

此外，图书馆讲座在产品和服务上不断尝试，在不断提升讲座品牌意识的同时，还注重加强讲座内容的系列化。公共图书馆讲座在文化资源共享方面走出了创新的一步。通过拓展和提升服务方式、服务渠道和服务层次，从阵地服务到网上服务，从一个省发展到全国，许多讲座产品还纳入了全国文化信息共享工程，为弘扬先进文化做出了贡献。其中，上海图书馆讲座因其创新思路和卓越成绩获得了全国首届文化部创新奖，这是对全国图书馆讲座服务工作的一种肯定。

上海图书馆举办的“上图讲座”多年来始终坚持公益、立足基层、面向大众，以“城市教室，市民课堂”为理念，努力搭建公共文化服务平台，累计举办了 2 400 余场、直接听众逾 120 万人次，并进入了现场讲座、视频讲座、网络讲座、书本讲座和光盘讲座共同发展的新时期。

全新视听概念的“微讲座”是上海图书馆对“上图讲座”的再度深加工，从 800 多部“上图讲座”中，遴选出最精彩的片段，把讲座音频视频上传到官网，以最快的速度、最少的时间让读者走近名家大师。

2. 开展丰富的读书会活动

推动全民阅读是公共图书馆重要的任务之一，方式也多种多样，读书会是深受政府及公共图书馆重视、读者乐于参与的一项团体阅读活动。读书会是经由人与书的结合所形成的阅读与讨论的非正式组织。在读书会中，参与者以阅读为中介，交谈为核心，以营造积极向上文明健康的读书风尚为目标。读书会以其灵活的阅读引导和推广形式，在社会生活中越来越受到大众的关注和参与。读书会作为新兴的服务形式，能够兼顾更多的读者，以不同的阅读主题吸引不同的读者人群，唤醒人们的阅读意识，让志趣相同的人们会集在一起，使人们交流阅读心得，在阅读中放松，在休闲中阅读，这是一种争取阅读人群，提高大众阅读率的一个很好的方式，对于拓展图书馆的服务方式和内容，提高馆藏资源的利用率都发挥着重要的作用。因此，读书会已经成为公共图书馆阅读推广的一个有效途径。

新媒体环境下，读书会的召集变得更加简捷易行，利用读书会进行阅读推广，已经成为公共图书馆的职责。如南京图书馆陶风读书会。该读书会多在周末和传统节日组织以“诵读经典陶冶心灵”为内容的读书会活动，如在春节期间举办主题为“春来无处不春风”的咏春诗词赏析，在六一儿童节时举办主题为“琅琅童音诵童趣”的描写古代儿童的生活趣味的诗词作品等。图书馆选取一些与主题相应的经典作品，先由主讲人对经典本身进行讲解，以电子演示文稿的形式提供释义，然后邀请读者上台朗读、背诵，最后设计一些难度适当的文史知识问题邀请读者回答。

3. 举办大型的社会阅读推广活动

社会阅读推广是我国经济社会进入现代化阶段的现实反映，是提升社会文明程度的必然要求。社会阅读推广与公共图书馆有着天然联系，做好社会阅读推广工作是图书馆的一项重要职责，搞好图书馆工作上又能促进社会阅读推广。充分挖掘公共图书馆的职能优势，进一步提升社会阅读推广水平是当前公共图书馆的使命，是公共图书馆必须面对、解决的重大课题。

（1）社会阅读推广存在的问题

社会阅读推广是一项基础性、长期性的工作，需要持之以恒地开展下去，虽然社会各界开展的阅读活动，激发了全民读书的热情，社会阅读的推广又向前迈了一大步，但随之也产生了一些问题，主要表现：第一、缺少一个总揽全局的指导机构。推动全民阅读工作，目前还不够到位，纸上谈兵多，深入基层少。特别缺少由上到下的、贯穿起来的阅读工程。第二、缺乏专业性、针对性，各种平台水平参差不齐，举办阅读活动的效果也评价不一，难以激发读者参与热情。第三，阅读推广活动流于形式，缺乏长期推广计划，读者的阅读持久力不是很足。

（2）公共图书馆在开展社会阅读推广方面具备的优势

社会阅读推广成效不彰的一个重要原因，是公共图书馆的作用没有充分发挥出来。公共图书馆在开展社会阅读推广方面具备以下优势。

①具有丰富的文献信息资源，科学合理的藏书体系

公共图书馆是一个地区的文献信息存贮和传递中心，涵盖了所有学科的知识，不仅收集、保存了大量的图书、报纸、杂志等纸质资料，还拥有类型丰富的数字资源。公共图书馆以丰富的文献资源为依托，不同地区的图书馆根据本地读者结构和服务重点，建立了科学合理的具有各自特色的藏书体系，为社会阅读推广提供了强有力的保障。

②具有良好的阅读环境，完善的服务设施

公共图书馆在功能布局、设施安排及内外环境营造上都进行了较为充分的设计和建设，安静幽雅的环境、舒适的读书空间，不仅有助于读者集中精力、静思默想，也能激发读者的阅读兴趣。近年来，各地加大了对公共图书馆发展的财政投入，一定规模的图书馆实行了免费开放，服务设施也在不断升级，如增加读者座位、无线上网、电子阅览、开架阅览、自助借还书机、公共检索终端等，为广大读者提供了广泛的阅读资源和良好的阅读环境。

社会阅读推广活动方案指的是为某一次活动所指定的书面计划，具体行动实施办法细则和步骤等。对具体将要进行的活动进行书面的计划，对每个步骤的详细分析、研究，以确定活动的顺利、圆满进行。

由此可见，各地举办读书活动、读书节时应深入到群众中去，唤醒普通民众的参与热情，同时，把活动内容和活动形式普及到城乡、社区、企业、学校、部队等各个角落，让每一个普通民众都能够选择适合参与的活动形式，都能主动参与到读书活动中去，都能够感受到读书活动带来的乐趣。

随着国家对全民阅读的重视，全国各地兴起了读书月、读书日的活动，这些声势浩大的读书活动，基本都是由政府、图书馆举办。活动方式由原来的知识竞赛、演讲、征文等传统形式，扩展到新媒体环境下的网上互动交流、在线图书馆、远程教育学习等新形式。这类读书节、读书月具有社会参与面广、活动内容丰富、大众参与积极、社会影响深远等特点，是图书馆引领大众阅读的非常重要的方式，但也存在着一哄而上的短期效应。作为文化底蕴深厚的公共图书馆，要制订出系统的、长期的阅读推广活动规划，开展形式多样的鼓励、帮助、指导大众阅读的活动，多方面满足大众的阅读需求，促进社会阅读的提升。如天津市和平区图书馆长期以来致力于阅读推广活动，让民众喜欢阅读，享受阅读乐趣。近年来又将漫画和阅读完美地结合起来，多次举办以读书为主题的全国漫画大赛，以漫画形式激发公众阅读热情，从另一个角度展示了读书的意义，同时也为漫画爱好者创建一个相互交流和展示自身才华的平台。这一活动在全国具有首创性。

山东省一直开展“书香齐鲁”全民阅读促进活动，引领全民阅读，营造书香社会。该活动由山东省文化厅主办，山东省图书馆学会、山东省图书馆承办，主要载体是省、市、县各级公共图书馆和乡镇（街道）、城市社区和农村基层图书室、文化共享工程各级支中心和基层服务站点等。整个活动充分体现政府主导、全民参与的特点，在全社会营造出良好的阅读、学习氛围。

阅读聚民、阅读乐民、阅读和民。指导大众阅读，共建阅读社会，既是公共图书馆的主要任务和核心服务之一，也是新媒体环境下图书馆服务创新的新方向，同时也是公共图书馆生存与发展的需要。公共图书馆要顺应时代发展，明确自身定位、宗旨和社会责任，满足不同阶层的大众阅读需求，为打造阅读社会积极努力。

第八章 新形势下公共图书馆服务创新

第一节 大数据时代公共图书馆服务变革与创新

大数据正在改变着生活及人们理解世界的方式，成为新发明和新服务的源泉。在信息指数级发展的大时代，变革数据思维显得尤为重要。“互联网 +”的广泛应用，使得大数据如虎添翼，渗透到社会的各行各业，成为时代的主旋律。在此背景下，图书馆作为传统行业，机遇与挑战并存，只有顺势而为，让图书馆资源建设和用户服务插上“互联网 +”的翅膀，漫步云端，才能在变革中求生存、图发展。

一、大数据与“互联网 +”概述

（一）大数据及其特点

随着互联网、移动互联网、物联网的高速发展和移动通信技术的快速进步，人类的知识信息快速增长，大数据概念也应运而生。“大数据”为无法在一定时间内用传统数据库软件工具对其内容进行采集、存储、管理和分析的数据集合。而大数据的 4V 特征，即 Volume（数据体量巨大）、Variety（数据类型繁多）、Velocity（处理速度快）、Value（价值密度低）亦为业界认可。大数据时代，“靠概率说话，而不是板着确凿无疑的面孔”，必须做出改变，以大数据的眼光，重新审视这个世界及我们从事的行业，将行业数据进行深入挖掘与分析，做出更加有效的判断和决策。

（二）大数据与图书馆

图书馆作为人类文化信息的保存地，在保持传统服务模式的同时，很多图书馆亦十分重视信息技术的应用。长期以来，图书馆一直进行大数据的积累，如各种电子资源的积累及智能手机、移动图书馆、微信等的普及，给图书馆提供了海量数据，并呈快速上升趋势，云计算、RFID 等新技术的应用和发展，为大数据提供了广泛的来源。大数据的兴起，无疑给图书馆传统服务带来了挑战与机遇，把握机遇关键在理念更新，思维变革，服务创新，特别是“互联网 +”的广泛渗入。在变革与创新中求发展，成为当前图书馆面临的重要任务。近年来，各高校及公共图书馆纷纷发布相关大数据，分析读者借阅行为，以数据发声，全面合理配置资源，改进阅读体验，提升服务质量。

（三）“互联网＋图书馆”

互联网的出现是人类通信技术的一次革命，作为一种传媒，改变了人类信息文化的传播与交流方式，一直以来虽无“互联网＋”之名，却有其实，如电子商务、互联网金融、在线影视等行业都是“互联网＋”的杰作。“互联网＋”是把互联网的创新成果与经济社会各领域深度融合，推动技术进步、效率提升和组织变革，提升实体经济创新力和生产力，形成更广泛的以互联网为基础设施和创新要素的经济社会发展新形态。“互联网＋”上升到国家战略层面，其对传统行业的影响日益深远。“互联网＋”即“互联网＋传统行业”而“互联网＋图书馆”正是图书馆这一传统文献信息服务行业与互联网技术的深度融合，为图书馆服务带来了新的发展生态。

二、高校图书馆发展现状与困境

在大数据时代“互联网＋”环境下，高校图书馆自身发展因不同的历史背景，各有差异，重点院校由于经费保证与人才队伍完备，发展程度较高，而一些普通院校，特别是经济欠发达地区的高校，由于经费限制、观念落后、队伍不健全等因素，图书馆发展滞后。其面临的发展困境主要体现在以下几个方面。

（一）供求失衡用户流失

高校图书馆是学校的文献信息资源中心，随着互联网的冲击，其中心地位被动摇。当前，不论是高校图书馆还是公共图书馆，纸质文献借阅率普遍下降已成不争的事实，互联网带来的电子阅读的冲击无疑是重要因素。在“互联网＋”的浪潮下，现代图书馆已步入“图书馆＋”时代，而一些高校纸质文献馆藏紧张，更无暇其他多功能服务拓展，服务水平始终难以提升，只能满足读者基本的借阅需求。

（二）队伍建设举步维艰

高校图书馆，历来是学校各种分流人员的归宿地，因为各种历史原因，馆员构成比较复杂，学历层次与专业类别各异，大多数没有专业背景，而又缺乏系统专业培训，对图书馆专业知识缺乏深层次了解，虽然量上目前大多能保证 50% 的专业馆员要求，但辅助馆员及其质量则差距较大。馆员整体素质较低，在数据素养与互联网思维和技术方面更是薄弱。随着大数据时代的到来及互联网的深度介入，资源优化整理、信息采集加工与精准专业服务，对馆员综合素质提出了更高要求。目前图书馆普遍存在馆员专业技能不足、综合素质欠缺等现象，给图书馆服务的改革和创新带来了很大的阻力。

（三）服务理念未能更新

图书馆存在的意义在于有人阅读，图书馆所有工作的发点和落脚点应该是人。但长期以来，高校图书馆虽以“读者至上，服务第一”为口号，却秉持着“以书为本”的理念，所有工作都是围绕着图书来进行，从文献资源的采购、编目到流通，都以文献为中心。图书馆的传统服务方式主要以图书外借、室内阅览等为主，每个部室开放时间和服务方式都有严格的限制，加之服务人员素质参差不齐，久而久之，读者与馆员、读者与文献资源便产生了距离。“以人为本”以用户为中心的服务理念未能适时应用，制约了服务方式的变革与服务水平的提升。

（四）学术立馆任重道远

高校图书馆是学校的文献信息资源中心，是为人才培养和科学研究服务的学术性机构。加强学术立馆，方能提升专业服务水平，增强在学校的话语权。然而，情况并不乐观。由于驳杂的专业背景、松散的学术环境、缺乏学术带头人等原因，大部分高校图书馆科研立项与成果产出不理想，难与学校各学院相比，无形中被逐渐边缘化，严重制约了图书馆整体发展和个人进步。

三、大数据时代“互联网+图书馆”新服务

大数据与“互联网+”，既是传统图书馆的机遇，也是挑战，对传统图书馆而言，在互联网时代，无论怎么喜欢以前的服务方式，都必须做出改变。因此，图书馆人要变革思维，借助互联网技术，全面改进图书馆从资源到读者服务的模式，树立用户为中心的服务理念，创新服务方式，提升专业化精准服务水平。

（一）树立“以人为本”的全新服务理念

在“互联网+图书馆”的新理念下，读者获取文献信息的途径多样化，不再局限于图书馆或数据库中，传统的服务方式必须变革，融入用户思维，实现从被动服务到主动服务观念与思维的转变，主动适应并锐意探索“以人为本”的服务方法。一是利用互联网技术，借鉴利用数据提升销售量的做法，利用读者借阅和浏览历史数据进行有针对性的图书推送服务，激发阅读兴趣。二是采用O2O模式，实行线上借阅配送，有公共图书馆已开始尝试，高校可先在教师中试点，由学生助理馆员负责配送。三是升级学科馆员服务，主动融入学院教学科研，利用图书馆与互联网大数据，进行信息数据分析，为教学科研提供专业服务。四是高校整合现有资源，建立畅通的知识服务渠道，为不同类型读者提供个性化的服务，做到全面专业，让每位读者满意是图书馆人的终极职业目标。

（二）建立以用户为导向的资源建设模式

大数据时代，图书馆要借助互联网技术，变革传统资源建设模式，在合理布局馆藏的基础上，树立用户观念，最大限度满足用户需求。各高校图书馆基本都已开通了线上线下读者荐购模式，电子书商如超星图书系统亦有荐购功能。对纸质图书的采购，在一般的读者荐购的基础上，亦可参照绍兴图书馆的做法，与书商、大型书店合作利用“图书馆+书店”模式，读者直接从书店选书，进入采购流程。对电子书而言，可采用“用户驱动采购”

模式，图书馆提前预设条件，根据读者行为触发订购。同时，作为专业馆员，还要积极挖掘用户借阅信息，分析借阅行为，合理馆藏。如农业大学图书馆近年来通过综合平衡新旧学科分析馆藏资源总量和上几年入藏与借阅数据，参考读者荐购意见，确定下一年各类图书采进量，以平衡读者需求与馆藏的关系，取得了较好的效果。

（三）打造高素质创新管理服务团队

人才是决定图书馆服务的关键性因素，在“互联网＋图书馆”的模式下，要进行服务体系的改革和创新，就必须培养创新型图书馆服务与管理人才。一要变革观念，让每一名馆员认识到在大数据时代下进行图书馆服务创新的重要意义。二要加大对现有馆员专业系统培训力度，使广大馆员掌握互联网新技能，能够适应“互联网＋”新环境的服务方式，并且在不断实践中更新知识体系，全面提升职业精神和专业水平。图书馆及学校教师培训部门应创造外出系统培训学习的机会，营造和谐的发展环境，拓宽与同行交流的平台。三要引进相关人才，构建管理服务梯队，图书馆管理者要考虑专业或行业背景，保持适当的延续性。四要重视学术立馆工作，以科研促进专业理论水平和实践技能的提升，带动学术团队建设，打造一支数据素养与互联网专业技能过硬的队伍。

（四）加大基础投入实现跨界多元服务

大数据时代“互联网＋图书馆”的发展，首先是技术设备的投入，要加大存储设备、服务器更新升级及相关技术设备的配套等，如采用 RFID 图书馆智能系统，实现图书的自动盘点、自助借还、区域定位、自动分拣等功能，有效改进图书管理方式，解放人力，提高工作效率，从而使馆员有精力与时间投入其他专业技术服务。其次是空间环境的投入。“互联网＋”的理念带来了“图书馆＋”即图书馆跨界服务概念产生。未来图书馆将变成集信息服务、学习、休闲与交流于一体的综合性服务机构，如教师项目研讨室、学生读书交流室以及“图书馆＋咖啡馆”“图书馆＋书店”“图书馆＋制作室”等服务将在图书馆占有一席之地，只要用户有需求图书馆就应尽力满足，充分体现“以人为本”的服务理念。

（五）完善数字图书馆建设实现资源共享

数字图书馆是没有围墙的图书馆，是对传统图书馆的颠覆，随时随地，只要有网络的地方，就有图书馆，极大地便利了用户的阅读，使读者的碎片化时间利用率得以提高。目前，各馆通过自建、购买与共享等方式，积累大量数字资源而各种新媒体服务的推广应用，更使数字阅读如虎添翼。传统图书馆如果运用互联网思维，将馆藏资源进行数字化转化，把图书馆拓展成为海量的数字文化综合体，就有可能实现从静态到动态、从单向到互动、从平面到立体的转身。利用“互联网＋”的机遇，整合一切资源满足读者需求，共享绿色发展之路。但目前各高校在资源共享方面不能令人满意，资源藏用理念传统，变革数据共享观念迫在眉睫。高校不仅要共享电子文献资源和信息技术，还要共享成功经验，可以借鉴先行者的共享模式，构建大学图书馆资源共享平台，让资源随时随地，让阅读无处不在。

（六）开展“数字记忆”存档挖掘服务

大数据时代，图书馆竞争在于数据总量及对数据挖掘和分析应用能力的竞争，因此，作为高校文献信息中心的图书馆，要重视挖掘整理潜在有价值的信息，并做好整理归档工作。对于高校而言，每天都在产生大量的教学、科研、管理、宣传等数据信息，如不注意保存，将随时有可能被淹没于快速发展的知识洪流中。图书馆应肩负起存档重任，重视大数据的积累、保存与整合利用。这是大数据时代赋予的机会与使命，图书馆人应该有所作为，行动起来，追寻职业价值。

四、基于大数据技术的图书馆服务创新内容

（一）基于大数据技术的图书馆服务内容创新

在大数据时代背景下，图书馆服务较之前发生了极大变化，无论是服务内容还是服务理念都有了较大调整。在大数据时代不断推进的刺激下，图书馆的服务工作慢慢开始了与其他行业的合作、交流，创造新的服务形式与运营机制，尤其是在服务评价体系的创新提升，促进了图书馆服务水平与服务质量的大幅提升，而且还从传统的单一图书馆拓宽成为知识范围较广的知识服务型机构。基于大数据技术对现代图书馆的发展与建设，实现了传统实体化图书馆的数字化、电子化转变，除了原来的纸质图书外，电子图书、有声图书及影像资料等也成了图书馆服务的重要内容。此外，大数据背景下的当代图书馆还集合了图书、资料信息的收集、处理、整合、组织、应用等功能为一体，可以根据用户的需要定向推送相应的知识服务，进一步提升图书馆的服务质量与水平。

（二）基于大数据技术的图书馆服务模式创新

大数据时代的更高要求也为图书馆的发展带来诸多挑战，使得图书馆在发展方面引进了更加先进的服务理念。目前，图书馆在实现数字化服务转化的进程中，所提供的图书、资料信息存在极为明显的异构性与离散性。鉴于此，首先，图书馆要明确认识自身的时代特征，结合图书馆的服务标准构建新的服务理念。其次，结合大数据技术实现图书馆个性化服务的创新创建，使服务理念与服务模式更为大众化、时代化。此外，图书馆服务内容的创新实现必须依靠大数据技术及其他新兴技术，实现各图书馆的资源共享，建立高效的信息检索平台，为用户提供更加丰富、更人性化的远程服务。

（三）基于数据技术的图书馆服务技术创新

图书、资料等信息资源的收集、整理，检索、存取等个性化需求无法在传统图书馆服务中得到较好的实现。而大数据技术在图书馆发展中的应用不但能够有效实现这些功能，而且还可以在此基础上对图书资源进行进一步的分析、挖掘、预测、管理，大大提升图书馆服务水平与质量，更好地满足了用户的个性需求。在现代化生产与服务效率的提升方面，大数据技术发挥了不可忽视的重要作用，在图书馆服务的创新发展中也得到了较好的体现。

五、大数据时代图书馆服务创新策略

（一）图书馆服务类型的创新

随着大数据时代的到来，图书馆在运营服务方面必须进行一定转变才能更好地满足快节奏下用户对于快速、便捷型知识服务的需求。信息化时代，人们更加倾向于使用电子资料，用户需求的改变要求图书馆的服务类型也要进行相应改变。在大数据背景下，图书馆必须与用户建立良好、高效的服务与互动联系。这就要求图书馆必须对用户档案管理体制进行改革、完善，使用户的资料变得更加规范、有序。除了要完善传统的资料查询功能，图书馆还应开通个性化的服务通道，有针对性地为不同需求的客户提供服务。大数据技术可以在为用户提供服务的过程中，自动收集客户信息，对用户的历史数据进行存档，通过互联网或软件客户端实现与客户的实时交流，为客户提供书籍资料的检索、查阅服务，此过程中与图书馆同步完成对用户信息的收集，为客户提供个性化、特色化服务。

（二）图书馆的数字化发展

大数据时代的到来，为图书馆提供诸多机会，图书馆可以优化其服务，提升竞争力。社会信息化发展使得各种类型的信息出现爆炸性增长，图书馆也增加了许多获取资源的途径、方式，在丰富图书资源的同时也导致用户获取图书信息的流程变得更加复杂。因此，在大数据背景下图书馆除了要大量丰富图书资源，还应利用现代化手段实现对图书资源的有效管理，根据用户的偏好、需求进行深层的数据挖掘，为用户提供个性化服务。对大数据技术进行有效利用可以顺利推进图书馆服务的数字化、电子化发展，为用户提供丰富多样的图书、资料，通过互联网技术的应用，使用户突破地理限制，随时随地检索，阅读图书馆资料，且可以实现一书多借，进一步提升图书馆的服务质量与水平。

（三）构建图书馆服务共享平台

在大数据时代背景下，鉴于图书馆服务的特殊性，图书馆应着力打造大数据信息共享平台，并在科学的服务体系保障下广泛收集图书馆的资源、服务信息等。然后根据图书馆服务决策体系构建的实际要求，在共享平台上对异构资源进行集成化管理。在图书馆的发展过程中，区域联盟是极为有效的发展模式，能够有效联合区域内的图书馆管理机构、单位，为用户构建更加广泛、实惠的图书馆服务平台，通过各大图书馆之间的联合组织、联合管理、联合服务等，更好地为用户提供优质的知识服务。在推动图书馆服务模式创新转变方面，大数据技术提供了强大的技术动力与理念支持。

（四）构建图书馆信息资源的云服务模式

与大数据技术同步发展的还有计算机技术、移动互联网技术及云计算等新兴技术，共同构成了大数据时代的支撑技术。这些技术在各个行业都有着不同程度的应用，可有效实现对海量数据的收集、整理、分析、运输、管理及循环利用，形成了一条完整的数据信息链。这些技术在图书馆发展与提升中，进一步促进了图书馆管理、服务的数字化、信息化，并且实现了远程管理与远程服务。云服务技术则是在基于图书馆服务信息化的基础上逐渐产生的，有效拓宽了图书馆的服务渠道。基于云服务技术的“云图书馆”，对图书馆服务联盟进行了进一步升华，“云图书馆”的服务理念与服务模式是大数据时代背景下，提升图书馆服务水平的有效途径，使得图书馆信息资源的服务更加丰富、多元、具备可持续性。因此，可在提升图书馆各项硬件条件后，创新、优化图书馆的大数据服务，打造图书馆信息资源的云服务模式，提高信息共享水平，实现图书馆服务的进一步建设与发展。

（五）提升图书馆工作人员综合素质

大数据时代，图书馆不仅书籍资源向网络化发展，其服务工作也应向这一方向靠拢。首先，图书馆管理者要充分结合本馆信息化建设项目情况及时组织馆员进行相关在职教育培训工作，这样能够让其第一时间掌握相应的信息化技能，为读者提供更好的服务。其次，图书馆要加强读者服务信息搜集，定期汇总，针对工作中的问题提出改善措施，以此达到提升图书馆服务质量及工作人员综合素质的目的。

基于大数据时代背景，图书馆服务的创新发展应首先提升对大数据技术的应用程度，进而实现图书馆服务内容的创新，其次要有效探索优化服务质量的建设路径，搭建一个高效的图书馆服务共享平台，以建设图书馆区域联盟的形式大范围整合图书资源，实现图书资源信息的规模化管理，并在此基础上有效结合云服务技术，构建图书馆的云服务模式，进一步实现图书馆服务的创新发展。

第二节　公共图书馆服务创新动力机制

动力是推动事物运动变化的因素，多种动力因素关系的组合就形成了某一事物运动发展的动力机制。所谓图书馆服务创新动力机制是指在图书馆服务过程中，以提高图书馆核心服务能力为中心，以满足用户信息需求与现实问题的解决为目标，通过重组图书馆服务创新动力因素而形成的一种推动图书馆服务质量与服务效率持续不断提高的内外因素的有机组合形式。

只有解决了动力机制问题，图书馆才可能积极培育自身的服务创新能力，才可能认真解决好运行中的一系列问题。因此，研究和建立我国图书馆服务创新的动力机制至关重要。

一、服务创新动力机制的理论研究

（一）服务创新的基本动力理论

在技术创新领域，对于技术创新的动力已经有很深入的研究，比较重要的驱动力包括技术推动力、需求拉动力、政府行为推动力、企业家创新偏好等。然而，技术创新学说一般只强调某一种驱动力的作用，而对于其他的驱动力却有所偏废。在服务创新中，发现服务创新的不同动力之间存在交互作用。服务企业的创新实际上是四处发生的，有关新产品和服务改进的创意和新知识更多地可以来自研发部门以外的其他员工、顾客甚至是竞争对手。

在动力模型基础上，根据不同动力要素的组合提出了 R&D 模式、服务专业模式、有组织的模式、网络模式 4 种典型的服务创新模式。目前，服务创新的发展趋势呈现出导向性和系统性特征。系统论原理指出，任何系统的良好运行和发展演进都必须获得足够的动力和科学的动力机制。图书馆服务创新首先要明确其动力和动力机制问题。

（二）图书馆服务创新的动力理论

图书馆服务创新动力主要表现在两个方面，即内原动力与外原动力。内原动力是一种自发的内在力量，存在于图书馆系统内部，产生于图书馆参与市场竞争和进行自我发展的内在需要，以及图书馆对服务创新工作社会、经济利益最大化的追求。具体来说，图书馆服务创新的内原动力是指图书馆服务在新技术的作用下，产生更高质量的服务创新理论、服务创新内容、服务创新模式等，使图书馆的发展优势更加明显。

外原动力是指图书馆建设和发展所赖以生存的外部环境对图书馆的作用力，主要来源于图书馆与社会需求的交互过程中，及政府有意识地对文化产业的规划和行为。社会需求和政府行为是影响图书馆外部竞争优势的重要因素，还有社会经济的发展、文化进步等因素，衍生出的社会关系，形成了图书馆服务创新的外原动力。

（三）图书馆服务创新的动力机制类型

1. 服务利益驱动机制

人的行为动力来源于个体满足“自我”和社会的利益，没有某种利益就不会产生某种行为。图书馆服务创新利益是通过服务创新行为所能够获得的各方面的满足。包括图书馆通过服务创新对社会带来的公共利益和社会对图书馆的利益回报。服务利益的大小具有诱导和进一步激励图书馆从事服务创新工作的双重功能。只有当服务创新能给图书馆和社会带来实实在在的好处时，图书馆才有足够的动力去进行服务创新。这是图书馆服务创新的根本动力。

2. 社会需要拉动机制

推动创新首要的是对市场的关注，以及通过教育和帮助加强用户参与。客户密集度和参与度是影响服务企业创新模式的两种主要的市场驱动力之一。社会成员和政府组织的信息需求能够形成图书馆服务变革和创新的强大动力。这种需求拉动机制的形成需要一定的社会经济条件，并因这种条件的不同而表现出明显差异的作用效果。

3. 技术进步推动机制

推动创新的关键因素之一是和外部技术组织的良好交流。信息技术是服务创新的关键驱动力。建立在网络基础上的图书馆信息服务，由于其软硬件系统、服务模式与服务手段、服务资源等更是与计算机网络技术密切相关，服务创新所涉及的因素更多、更复杂，因此技术进步的作用机理和作用程度也更加独特。

4. 政府支持促进机制

政府的一个重要角色就是服务创新的触发器。这个角色非常重要，可能直接促进某种创新，也可能导致新规则的产生。这两种因素都可能是服务创新的动因。由于图书馆服务效益显现的长期性，决定了短时期内无法直接观察到图书馆服务在经济社会发展中发挥的作用，因而在文化建设中往往被忽视。政府的介入可以运用公共财政来保障公共文化服务，也就可以保障人民群众对公共文化产品的需求，从而促进图书馆服务创新快速发展。这就是政府支持的促进机制。

上述四种动力机制不是相互孤立、独自发挥作用的，相反，它们是相互依存、紧密联系的。只有当几种机制相互配合、共同发挥作用时，对图书馆服务创新的巨大推动作用才能清楚显现出来。此外，动力机制不是自生、自发的，需要一个不断培育和优化的过程。在这一过程中，政府责无旁贷。图书馆则应该从塑造共同愿景、追求长远目标、担负社会责任等方面去培育相应的动力机制。

二、图书馆服务创新的对策分析

随着科学技术的发展和信息载体两个要素对促进图书馆发展作用的日益突出，图书馆工作的重心已经由原来的追求藏书数量转移到服务质量上，服务质量提高的关键是图书馆的服务创新能力。作为信息服务业发展核心源泉的服务创新已经成为图书馆界关注的焦点。然而任何一项事物在其发生、发展、壮大的过程中都会遇到各种阻力。目前在我国，制约图书馆服务创新的因素较多：一是基础薄弱。表现在创新理念相对落后，多数人员对图书馆服务创新的内涵和作用认识不清；服务设施和技术相对落后；人才严重短缺；信息源危机。二是管理机制滞后。我国图书馆大多属于事业单位，形成了图书馆之间条块分割、各自为政的管理特点，造成宏观管理上的无序，导致图书馆事业发展缺乏生机和活力。三是图书馆服务需求不足。一方面，由于社会信息化程度发展不均衡，公众图书馆观念淡薄，图书馆精神缺失造成的。另一方面，服务宣传力度不够，服务内容单一，用户满意度低等都困扰着服务创新的开展。针对这些问题，根据图书馆服务创新动力机制的要求，可以从以下几个方面寻求突破。

（一）通过市场细化，奠定图书馆服务创新的市场基础

现代服务业发展，首先取决于市场需求的驱动图书馆要注意分析现有的信息服务环境，寻找与本馆的任务、目标、资源条件等相一致的细分市场，及时进行市场营销研究和信息收集、市场测量和市场预测工作，要在制订图书馆服务创新规划、树立图书馆服务创新理念、选择服务创新模式等各个方面下功夫。充分利用图书馆信息资源的特有优势，并通过馆内机构改革和业务重组，积极开发个性化服务、集成化服务和特色化服务等新型服务项

目。加快培育和拓展信息市场，以最大限度地实现图书馆的根本目的，提高自己的服务竞争力。

（二）通过现代技术运用，形成图书馆服务创新的技术基础

图书馆的发展是与信息技术密切相关的，信息技术不仅决定着社会信息量的大小和信息载体的物理形态，而且决定图书馆进行信息加工和开展服务所能采取的方式。对图书馆来说，当前的主要任务是及时引入新技术。最为关键的技术是数字图书馆技术，是信息技术在图书馆应用的集中体现。依托图书馆现有的信息平台资源、网络资源以及信息服务技术的应用基础，充分利用资源数字化技术、超大规模数据库技术、多媒体信息技术、数据压缩技术、存储技术、迁移技术、安全技术、数据仓库技术、挖掘技术、自然语言检索技术、网络传输技术等现代数字技术，为图书馆提供一体化的信息服务创新解决方案，逐步将图书馆公共信息平台打造成与国际接轨的信息服务引擎和枢纽。

（三）通过合作共享，优化图书馆服务创新的资源基础

一是我国图书馆界要做好集约经营、系统调控，充分利用各馆在服务、技术、产品、市场上的优势，建立以效率为核心的共享合作机制，从而发挥聚集优势、竞争优势和规模优势，全面提升图书馆服务水平。二是加强与世界各国图书馆在信息服务方面的合作，把各级各类图书馆打造成国际信息服务平台上的一个节点。三是开展与相关信息服务商的跨界合作。这种合作就是考虑与各大搜索引擎的跨界合作，让用户能够直接获取网站中知识性、学术性内容而不局限搜索引擎的表层链接。这种跨区域跨界的合作共享将成为图书馆服务创新的新内容和新推动力，借助网络信息技术，图书馆和信息机构及组织之间的业务关系日趋融合，为在合作中促进服务的创新和质量的提高奠定坚实的信息资源基础。

（四）通过网络化架构，培育图书馆服务创新的组织基础

一是加大图书馆培育和引进外部人才的力度，并制定相应的措施，如建立人才分享技术开发成果的奖励制度、提供必要的国内外培训机会等留住人才。二是培养和造就有服务创新能力的图书馆管理者。图书馆服务创新的创造性、不确定性决定了其管理本质上是一种非程序化的决策。这就要求作为图书馆信息服务主体管理者的图书馆长必须有眼光，有胆略，有管理能力，善于运用和组织社会资源，实现服务创新要素的有效配置。三是充分发挥各级图书馆协会的协调、组织、服务、监督等方面的作用，注重协调发展，完善现代图书馆的社会化网络关系，通过组织行业性活动提高图书馆服务创新整体水平和竞争能力。

（五）强化图书馆服务创新发展过程中政府的作用

政府在图书馆事业发展中的重要作用就是制定保障图书馆事业发展的完善的图书馆法律，制定并实施科学、合理的产业政策，更好地引导图书馆的外源动力机制与内源动力机制相配合。在制定推动图书馆事业发展相关政策的过程中，要认真进行行业诊断和政策评价，辨识图书馆服务中的优势和不足，研究图书馆发展的动力机制及作用规律。要建立科

学的政策评价体系，根据评价结果针对图书馆发展中的不足进行调整、补充和完善。从政府的政绩观和满足人民群众基本文化需要的紧迫性出发，政府主导下的图书馆服务创新一般都会以一种非常快的速度推进，在较短的时间内达到一定的规模。

图书馆服务创新不是盲目地改革和变动，而是有深刻的实践动因，必须以相关理论为指导，有的放矢地创新，才能使图书馆服务创新更科学、合理，更能体现其实用价值。

第三节　公共图书馆空间再造创新服务

随着时代的变革与发展，图书馆服务模式从单一走向多元已成为历史发展的一种必然趋势。如何在新时代中更好地发挥图书馆的服务功能，凸显图书馆的社会地位，服务更多的人，提高图书馆的核心竞争力，图书馆空间再造是一个可探究的方面。目前，已有不少图书馆在进行这方面的尝试，从最初的信息共享空间（IC）扩展为学习共享空间（LC）、研究共享空间（RC），现在又扩展为创客空间，图书馆的空间再造运动从很多方面重新定义了图书馆。

一、图书馆空间创意化

美国是公共图书馆中最早开设“创客空间”的。图书馆建立了“奇妙实验室”，将用户通过各种活动组织起来，激发想象力与创造力，在同一空间“头脑风暴”，同时提升了用户的参与度。随着图书馆与“创客空间”的社会价值日趋统一，图书馆成为“创客空间”的理想平台，“创客空间”逐渐在美国图书馆界兴起。为了拓展自身的业务范围，克利夫兰图书馆成立了创新型技术与学习中心且成为“创客空间”的典型范例。该空间改变了原有图书馆的空间规划，将开放区域变成创客空间并进行了功能规划，其面向发明者、手工制作者、艺术家以及青少年、大学生等群体，提供信息技术中心、新科技基地、学习服务台、智造工作坊、创客线下小聚、创想马拉松、青少年创意中心七类服务。创客空间的开放使得克利夫兰图书馆的利用率大大提高，图书馆和图书馆员真正融合到了人们的学习、工作、研究中，成为知识交互网络上不可或缺的重要节点。

传统意义上讲，图书馆是读者获得文献与信息的地方，但图书馆不仅仅是人们获取信息的场所，也是一个公共空间场所，因为人们可以在此交流、创建新的关系，甚至激发新的灵感，从而创造更多的社会资本。简言之，图书馆空间创意化，不仅能让人们从中获得信息资源，更能感受文化的场所氛围，体验一种新兴的生活方式，从而让人们爱上图书馆，使图书馆成为人民生活中一个必需的场所。

二、图书馆空间再造机制与策略

空间作为一种社会关系，不仅被其支持，也生产和被其生产，且当空间被定义为一种使用价值时，社会的转变就已预设了空间的拥有与集体管理。通过对公共图书馆物理空间的去中心化，以反对数字图书馆时代虚拟服务空间的单一化等现象与问题的揭示，使得有关公共图书馆空间再造的思考与探讨成为一种可能性，乃至必要。

（一）虚拟空间与实体空间相结合

依据现在科技发展的趋势，图书馆界也提出了“图书馆泛在化”的理念，其最明显的特征是不受空间的约束，服务无所不在。因此，图书馆为用户提供的服务项目和服务手段乃至服务场所在不断拓展。如无线上网的自由空间、智能互联的泛在阅览、24 小时的自助借阅、智能载体的现场体验、数字媒体的融合平台大屏触控的信息幕墙等等。图书馆可以通过虚拟的网络化的方式随时随地为用户提供服务。在“互联网 +”、云媒体下，图书馆之间的合作也不再有地域之分，源建设和服务都是可以共享的，用户可能在不知不觉中就享受到了图书馆的数字文献保障服务。

现在的读者到图书馆已经不仅仅为了借书、看书而来，可能只是想利用一下图书馆的无线网或者做一些智能体验等，这些同样体现了图书馆的价值。

（二）分众细化，开设个性化的交流空间

作为一种现代网络环境下的新型图书馆服务机构，图书馆可以设置家庭作业区、学前儿童托儿所、不同类别的教育和职业培训课程，打造各类用户需求的个性化场所。例如，伦敦的“概念店”，不仅强化了社会教育这一主要目标、主要职能，还根据不同人的不同需求细化服务模式，利用图书馆这一拥有大量的信息资源、教育设施和舒适环境的理想场所为民众提供不同的服务。由此可以延伸出更多的个性化交流空间，如老年人阅览区、少儿体验区、数字化服务区等。另外，近几年渐渐普及并有所延伸的共享空间，为读者提供场地、网络及工具，让兴趣相投的读者聚到一起，激发其创意设计的灵感，读者也可以将各种创意工具带到图书馆进行交流、切磋。

无论是新馆空间设计还是旧馆空间改造，要建造成新型图书馆，都应该是利用现代化的科学技术条件，分众细化服务模式，以人为本，为读者提供更加人性化的服务。

（三）体验互动，引入 VR 技术拓展现实空间

体验互动理念与第三空间理念是相互联系的，是在“互联网 +”的新环境下产生的一种新的认知，需要一定的技术作为支持。新技术不仅让图书馆在服务内容和服务方式上有革命性变化，也加深了用户的参与程度，而互动空间更是强调一种图书馆与用户的交流，图书馆不仅给用户提供信息，还可以从用户那里实时得到信息反馈。

体验互动空间不仅可以让用户有舒适感、归属感，还可以自由、平等地提供各类新科

技体验。图书馆不仅能提供现实空间中的讲座、展览、研讨、竞赛、共同阅读、自助服务、志愿服务等体验互动，还可以提供网络空间的数字冲浪、微信接力、粉丝点评、远程咨询、个性推送、视频欣赏、图像传递、网络直播、多屏融合等的体验互动。

近年来，虚拟现实技术与各种现有的多媒体技术进行有机结合，发展迅速。基于网络环境的虚拟现实图书馆是虚拟图书馆的延伸，作为新技术在图书馆应用后形成的新形态，延伸了图书馆网络服务，拓展了图书馆的现实空间，是图书馆虚拟信息资源馆藏建设的组成部分。得克萨斯州大学已经建立了基于虚拟现实的引导和查询系统。VR 技术等通过有机组合形成了虚拟现实图书馆特有的三维可视化实时控制的最终结果，可用于图书馆管理、图书馆第二课堂教育、图书馆学科馆员制度等方面。

三、图书馆新空间未来可发展的趋势与思考

未来图书馆服务将从单一借阅空间向交流分享空间转变，从产品思维向用户思维转变，从被动服务模式向主动服务模式转变。未来，用户来到图书馆，不仅因为它是一个阅读场所，更重要的是因为图书馆为他们提供了一个既可以阅读又可以与人分享、交流的场景，以及场景中自己浸润的情感，用户的需求将大多将来自场景。因此，如何为用户提供其需要的场景将成为图书馆未来空间规划的侧重点。

（一）图书馆空间再造变化趋势

1. 更加注重人的需求

未来图书馆将更加注重人的需求，从过去为藏书、设备及其相应设施而设计向为人、社区及其交流创新而设计的方向发展。图书馆的空间再造要以人为本，将服务定为立馆之本。图书馆融入社区也是一个趋势，图书馆与社区资源相融合，促进社区的知识分享、情感交流，激发社区的活力，说到底最根本还是在图书馆所在的辖区内为更多人提供服务。被提名“世界最佳公共图书馆奖”的丹麦图书馆，其创新在于馆舍设计与周围环境相融合，其户外游乐场延展了实际的馆舍空间，将传统的图书馆融进社区人民生活。另外，灵活的内部空间可以根据个人研究和团队工作的特点自由转换，使得图书馆功能得到延伸。这些都值得国内图书馆借鉴。

2. 更加关注技术与服务的有机融合

纸质图书馆的原始形态是古代的“藏书楼”，“藏书楼”仅仅是建筑学概念上的“馆舍”，主要功能以藏为主，和公众见面的概率很低，强调的是图书馆的典藏与记忆功能。现代图书馆的功能从储藏、流通到发布等均有质的飞跃，最为突出的是典藏与信息的传播功能得到了重大的提升，强调的是公众阅读获取信息资源的次数和信息在使用过程中的价值增值。“互联网 +”新技术的出现更加强调的是被广大读者最有效地利用信息，如 VR 技术充分调动了人机互动、可视化操作中人的主导作用和兴趣，发掘人主动思维的潜能。3D 技术的应用可模拟出虚拟场景，只要有互联网，人们可不受时空限制，体验像在真正场景中游

览一样，查看周围的环境信息。再者，通过 VR 技术等科技让中华古籍能够化藏为用，产生更大范围的影响。

因此，在“互联网 +”背景下，依托新媒体等新技术，提供各种学习空间，让民众享受更多的文化便利，方便民众自主学习是未来图书馆空间再造的一个重要立足点。就技术发展而言，从基础的数字图书馆，到自媒体平台，再到线上教育等学习平台，技术手段的革新也催化了图书馆空间的变革，图书馆最终成为一个独特的文化频道与学习交流平台。

3. 更加注重图书馆的可获取性和可接近性

图书馆的建设应该放到大的社会背景下，作为城市基础设施的一部分。这样图书馆的活动空间会大很多，相应的职责也随之变化，不会像以前的藏书楼，只有保存、收藏功能。因此，图书馆必须转型，要为每一个市民和每一个组织提供城市发展所需要的知识和信息，并且激发市民的创造力，为城市经济发展增添动力。如芬兰赫尔辛基市图书馆的“城市办公室”的成功设立，为赫尔辛基市图书馆新馆建设做了很好的实验。该新馆计划呈现大空间格局，区域之间流线通畅，馆内设有音乐制作室、创客空间、游戏角、研讨室、联合办公空间等，理念是让读者在体验和制作中学习，使广大民众投身其中创造出更高的社会价值，并为推动城市的经济发展做出贡献，体现出城市的活力与多样性。

（二）图书馆新空间可发展的思考

对图书馆的转型和再造，国内不少图书馆已经在进行尝试与探索，但还没有在图书馆界形成普遍共识。如何为用户提供思想交流、激发创意、支持创新的空间是当前及未来支持社会创新系统优化和公共服务建设任务中的题中之义。

1. 搭建多元化学习平台

从阅读学习场所提升为社会学习平台是图书馆的服务转型中很重要的一步，未来图书馆的发展应体现出更大的社会包容性，在包容性服务上创新发展，例如开设各类职业培训公益讲座等各类开创性服务。为众多用户提供多元化的学习平台是图书馆空间再造可挖掘的重要改造方向，亦是图书馆在提供创新服务方面值得思考和探索的。

2. 服务和管理模式的转变

图书馆建筑要适应当代社会变革的需要，重心由收藏书籍变为交流与分享。图书馆建筑设计的一个国际化趋势是从为藏书、设备和相关物理设施而设计转移为向更加注重为人、社群效应、经验和创新而设计。在这种趋势下，图书馆不仅仅是为读者提供阅读和自修的场所，更多的是提供人际交流和知识创造的空间。图书馆建筑要顺应这一变化趋势，图书馆的服务和管理模式也要跟着发生转变。一个图书馆的绩效应该不再是以借阅量为主要指标，推广活动、数字阅读、数字咨询等也应与之并列。

空间再造对图书馆来讲是一场革命，就是要对原来的信息组织、管理方式、服务方式和流程进行反思和再造，这是图书馆界面临的一个重要问题。空间再造是一个艰难的过程，也没有一个成熟的路可走，但首先应该考虑的是如何打破原有的思维模式，转变服务理念和管理模式。

3. 资源整合，提高服务效能

“互联网 +”和大数据的时代，每天都会产生大量的数据信息，如图书馆系统内本身的数据资源及读者产生的信息资源等，可以说资源无处不在。如何将这些资源进行整合，从而提高图书馆的服务效能是值得思考的。资源整合即充分利用图书馆自身的资源同时注重开发新的资源并将两者有机结合。图书馆的空间再造就是将馆内资源与馆外资源整合、交换，实现共建共享的过程。馆内资源整合包括图书馆项目、活动的策划，信息资源的共享以及内部管理的整合等。开发新资源主要是积极主动引进外部的资源并整合，以解决图书馆空间再造与服务拓展中的经费、人员、活动创意与策划等问题。如深圳图书馆在空间再造时，主动引进政府机构、文化团体、专业协会、公益组织和文化志愿者等方面的力量，在丰富新空间服务内容与手段的同时，也为相关各方提供了宣传场所和服务市民的机会，达到了互利双赢的效果。

参考文献

[1] 王晓柏 . 公共图书馆服务与管理 [M]. 长春：吉林出版集团股份有限公司，2020.

[2] 王祎 . 现代公共图书馆管理与服务 [M]. 沈阳：沈阳出版社，2019.

[3] 刘华卿 . 互联网时代高校图书馆与公共文化服务的融合发展和实践 [M]. 长春：吉林大学出版社，2019.

[4] 李静，乔菊英，江秋菊 . 现代图书馆管理体系与服务研究 [M]. 长春：吉林人民出版社，2019.

[5] 王会梅 . 图书馆管理与服务研究 [M]. 北京：现代出版社，2019.

[6] 朱丽君，卫冉，肖倩 . 图书馆管理与智能应用 [M]. 长春：吉林人民出版社，2019.

[7] 师美然，张颖，张雯 . 图书馆创新与现代管理研究 [M]. 长春：吉林人民出版社，2019.

[8] 孙桂梅，刘惠兰，王显运 . 图书馆管理与服务创新研究 [M]. 北京：现代出版社，2019.

[9] 焦青 . 高校图书馆文化建设研究 [M]. 北京：中国商务出版社，2018.

[10] 郑燃 . 公共文化服务均等化视角下图书馆博物馆数字文化服务融合研究 [M]. 武汉：武汉大学出版社，2019.

[11] 刘月学，吴凡，高音 . 图书馆服务与服务体系研究 [M]. 杨凌：西北农林科技大学出版社，2018.

[12] 胡潇潇 . 现代公共图书馆服务与管理创新研究 [M]. 长春：吉林人民出版社，2018.

[13] 卢家利 . 美国公共图书馆管理与服务 [M]. 北京：中国商务出版社，2018.

[14] 齐月 . 公共图书馆管理与阅读服务 [M]. 长春：吉林人民出版社，2018.

[15] 李瑞欢 . 公共图书馆工作实务 [M]. 北京：现代出版社，2018.

[16] 刘剑英，叶艳，姚晓鹭 . 计算机技术与公共图书馆管理 [M]. 北京：九州出版社，2017.

[17] 任丽红 . 公共服务视域下高校图书馆的创新服务 [M]. 长春：吉林大学出版社，2018.

[18] 陈三保 . 新形势下图书馆服务与创新 [M]. 昆明：云南科技出版社，2018.

[19] 李勇 . 新时代公共图书馆的新使命与新挑战 [M]. 石家庄：河北人民出版社，2018.

[20] 杨丰全 . 新形势下图书馆创新性管理与服务 [M]. 长春：东北师范大学出版社，

2018.

[21] 程显静 . 图书馆建设与发展研究 [M]. 北京：华龄出版社，2018.

[22] 张娟 . 图书馆营销研究 [M]. 北京：中国商务出版社，2018.

[23] 孟银涛 . 泛在环境下高校智慧图书馆研究 [M]. 北京：中国农业大学出版社，2018.

[24] 郭斌 . 中小型公共图书馆的社会合作与发展 [M]. 北京：朝华出版社，2017.

[25] 李梅 . 信息时代背景下图书馆服务功能的优化与创新研究 [M]. 长春：吉林出版集团股份有限公司，2017.

[26] 张白影，聂道良 . 图书馆工作论丛 第六辑 [M]. 北京：北京理工大学出版社，2017.

[27] 孔德超 . 图书馆资源配置研究 [M]. 郑州：河南人民出版社，2017.

[28] 王净，周建彩 . 创新服务融合图书馆建设发展研究论文集 [M]. 青岛：中国海洋大学出版社，2016.

[29] 阮光册，杨飞 . 公共图书馆管理与服务 [M]. 上海：上海科学技术文献出版社，2015.

[30] 尹玉学 . 胡祖国 . 基层公共图书馆服务与管理创新实践 [M]. 沈阳：白山出版社，2014.

[31] 王蒙，王奕龙 . 图书馆业务指南丛书图书馆创客空间建设 [M]. 北京：国家图书馆出版社，2019.

[32] 方自金 . 现代公共图书馆管理 [M]. 北京：国家图书馆出版社，2019.